Odas elementales

Letras Hispánicas

Pablo Neruda

Odas elementales

Edición de Jaime Concha

OCTAVA EDICIÓN

CÁTEDRA
LETRAS HISPÁNICAS

Ilustración de cubierta: Fernando Bermejo

© Pablo Neruda, 1954
© Ediciones Cátedra, S. A., 1999
Juan Ignacio Luca de Tena, 15. 28027 Madrid
Depósito legal: M. 21.633-1999
ISBN: 84-376-0366-8
Printed in Spain
Impreso en Closas-Orcoyen, S. L.
Paracuellos de Jarama (Madrid)

Índice

Introducción

La edición original

Amante siempre de los cumpleaños, Pablo Neruda celebra sus cincuenta de edad, entre otras cosas, con la publicación de las *Odas elementales*. En el mediodía de su vida, después de que *Residencia en la tierra* (1935) le ha dado amplia audiencia en el mundo de lengua castellana y que el *Canto general* (1950) ha confirmado su valer como voz de una vasta mayoría continental, Neruda escribe un libro muy diferente, con poemas que representan un cambio sensible en el tono, la estructura y la concepción de su poesía en general. La primera edición de las *Odas*, a cargo de la Editorial Losada, aparece en la colección «Poetas de España y América». Una fotografía del poeta, dedicada a su editor, va al lado de la portada; en ésta, el título de la obra figura inscrito con letras rojas y negras; y en el colofón, que cierra los volúmenes de 235 páginas cada uno, podemos leer lo siguiente: «Se terminó de imprimir el día 14 de julio del año mil novecientos cincuenta y cuatro, en la Imprenta López, Perú 666, Buenos Aires, República Argentina.» Y se añade un dato editorial que más adelante tendremos ocasión de comentar, pues tiene que ver con un aspecto de la composición externa de las *Odas:* «Además de la tirada corriente, se han impreso 28 ejemplares especiales marcados de A a Z, fuera de comercio y 200 ejemplares numerados de 1 a 200 firmados todos por el autor»[1].

---

[1] Cfr. también H. J. Becco, *Pablo Neruda. Bibliografía,* Buenos Aires, Casa Pardo, S. A., 1975, pág. 73.

Neruda vuelve a Chile en agosto de 1952. Vuelve renovado de vida, de amores, de poesía y confiando también en que la historia habrá de renovar a su país. En Chile hay cambio de mando, es decir, de presidente: sale G. González Videla, quien llevó hasta los confines australes de América la política hostil y represiva de la guerra fría; entra a gobernar «el general de la esperanza», C. Ibáñez del Campo, elegido en un turbión populista al que no ha sido ajeno el apoyo de la fracción dominante del Partido Socialista de Chile.

«Yo soy chileno del sur...», dirá Neruda el 12 de agosto de 1952, en la Plaza Bulnes de Santiago de Chile, en una concentración pública organizada para celebrar su regreso al país después de un exilio que había durado exactamente desde el 24 de febrero de 1949 hasta la fecha recién indicada[2]. Así, durante el par de años que precede a 1954, el paisaje de su patria se le irá revelando con fresco, renovado vigor. Desde su posición en Isla Negra donde se ha asentado, emprende frecuentes viajes de reconocimiento al norte desértico, al sur vegetal, a la cordillera que sirve de esqueleto longitudinal al territorio. Este contacto con los rincones de su tierra, con las grandes fuerzas geológicas que sustentan su arquitectura, está en la base de su poesía de las *Odas*. Contacto y reconocimiento: Los seres de su país se le van tornando familiares, cotidianos. El 12 de julio de 1954, dos días antes de la fecha de la edición original que hemos consignado, pronuncia un discurso en el Salón de Honor de la Universidad de Chile que comenzaba así: «Andando hace muchos años por el lago Ranco hacia adentro...»[3]. Esta profundización en el pai-

---

[2] Sigo en este apartado la excelente «Bibliografía» organizada por H. Loyola al final de las *Obras completas* de Neruda (Buenos Aires, Editorial Losada, 3.ª ed., 1968, t. II, págs. 1.313 y ss.).

[3] Véase ahora, bajo el título «Bien vale haber vivido...», en P. Neruda, *Para nacer he nacido*, Barcelona, Seix Barral, 1977, págs. 372-4.

saje, en la que intervienen el tiempo transcurrido y una nueva perspectiva sobre las cosas, es el dato íntimo y visible del cual se alimentará sin duda, en uno de sus aspectos principales, el nacimiento de las *Odas elementales.*

Al mismo tiempo, su influencia sobre la cultura nacional crece y se intensifica más y más. En el orden de la poesía, de las letras en general, pero también en el de las aspiraciones políticas populares, su voz se hace escuchar, pesa y adquiere autoridad. Véanse, por ejemplo, su prólogo a la novela proletaria *Carbón*, de Diego Muñoz (Santiago, Editora Austral, 1953); y una entrevista de octubre de 1953, en que pide que se cumplan «las promesas electorales de 1952» (véase núm. 857 de la *Guía bibliográfica,* ya citada, de H. Loyola). Es el lado goethiano de su personalidad, sin Weimar ni Eckermann ni clasicismos helénicos, pero sí muy consciente de la significación del trabajo cultural en el conjunto de las opciones históricas de un país como el suyo. La convocatoria del Congreso Continental de la Cultura, reunido en Santiago en 1953, fue algo importante en este terreno.

Otra faceta destacada en la actividad de ese tiempo es su participación en la lucha por la paz. La tensión internacional creada por la guerra fría, el desarrollo del macarthismo en los Estados norteamericanos, el inicio de la guerra de Corea exigen en todo el mundo colaborar por la preservación de la paz. Algunos textos de esta época hablan de la preocupación de Neruda en este sentido (véase las entradas 852, 853, 854, 856 y 870, entre otras, de la Bibliografía mencionada), como atestigua también, en la serie de las *Odas,* su «Oda al átomo», publicada por primera vez en el diario *El Siglo,* el 18 de abril de 1954. En razón de su bregar por esta causa, Neruda recibe en 1954 el Premio Stalin de la Paz[4].

---

[4] El premio le fue concedido a finales del año anterior, en diciembre de 1953. Como fruto de esa época, véase la actualísima

Jalonan estos años, además de dos antalogías y de sus conocidas piezas autobiográficas (la de *Infancia y poesía*, más otras contemporáneas), *Los versos del capitán*, publicado en Nápoles en julio de 1952, y *Las uvas y el viento* (Santiago, Nascimento, 1954), libro este que es un cántico al nuevo mundo socialista que ha podido contemplar. En ellos se va anticipando, en mayor o menor grado, con más o menos extensión, la presencia de las *Odas elementales*, de su espíritu por lo menos. Asimismo, continúa trabajando en la recopilación de sus prosas andariegas: los *Viajes* aparecerán el año siguiente (Nascimento, 1955), comunicando otra forma de sabiduría elemental: saber de costas, de planos y relieves terrenales, de faunas distantes y distintas, todo en un mensaje iluminado por la belleza visible de la tierra. (Hay en Neruda, en el otro extremo de la estética y de las actitudes espirituales, igual maravilla y reverencia ante el planeta que la que se da en la poesía de Saint-John Perse).

Sobre el año 1954 Neruda es más bien parco en sus memorias. En *Confieso que he vivido,* autobiografía de publicación póstuma (Barcelona, Seix Barral, 1974), el poeta pasa muy rápidamente por los recuerdos y sucesos de ése y otros años (cfr. págs. 314-315). No cabe duda, sin embargo, que se trata de un año en que se expresa bien la conjunción de factores personales en la vida del poeta junto a un equilibrio eficiente entre sus funciones pública y creadora, entre su civismo nacional y su contribución a las luchas internacionales de la hora, tanto en América Latina como del campo socialista. Quizá sea ése el núcleo contenido en una exhortación como ésta, donde parece sugerirnos una bien entendida conciencia internacionalista: «El poeta... debe ser deli-

---

meditación del que fuera por tantos años Presidente del Consejo Mundial de la Paz, el científico británico J. D. Bernal: *World Without War* (Londres, Routledge and Kegan Paul, 1958). Es un estudio totalmente vigente en estos momentos de la política belicista de Reagan y Haig.

beradamente nacional, reflexivamente nacional, maduramente patrio»[5].

Prehistoria y curso de las Odas

No resulta de ningún modo exacto hacer brotar los antecedentes de las *Odas* desde los «Cantos materiales» de *Residencia en la tierra*[6]. La rima es engañosa en este punto, pues, como a menudo ocurre en Neruda, los ecos temporales de sus títulos no miran al pasado, sino que despliegan —desdoblan— proyectos radicalmente diferentes. Tal es la relación entre *Crepusculario,* su libro adolescente de 1923, y *Estravagario,* que en 1958 aspira a condensar una nueva adolescencia del poeta, madura y otoñal. Igual cosa sucederá con las mismas *Odas elementales* y los posteriores *Cantos ceremoniales* (1961). En cuanto a los «Cantos materiales» y 'las *Odas elementales,* no hay ilusión posible. Los poemas de la *Residencia II* son himnos y, como tales, postulan una relación de absoluta reverencia al fundamento telúrico de la vida y del cosmos. No sin razón un ensayista venezolano, M. Picón-Salas, los veía emparentados con himnos dionisíacos. En las *Odas,* por el contrario, se trata de una relación de yo a tú entre el poeta y los objetos que, como veremos, pertenecen a un universo ya pacificado, en equilibrio y en armonía como para sostener un diálogo tierno, a veces travieso y juguetón, con la figura que los convoca. El tono, la voz, la vibración son completamente distintos, incluso opuestos. Y ello determina que se trate de géneros, de espe-

---

[5] Palabras pronunciadas en el acto inaugural de la «Fundación Pablo Neruda», el 20 de junio de 1954.

[6] Véase, por ejemplo, J. Alazraki, «Observaciones sobre la estructura de la oda elemental». *Mester,* University of California, Los Ángeles, IV, 2, abril de 1974, págs. 94-102. R. de Costa, en cambio, percibe bien la diferencia entre ambos grupos de poemas (véase *The Poetry of Pablo Neruda,* Cambridge, Mass., Harvard University Press, 1979. págs. 159-60).

címenes también distintos. La lección vegetal que el trío
«Entrada a la madera», «Apogeo del apio» y «Estatuto
del vino» nos entrega es la experiencia del ciclo natu-
ral, el nacimiento y caducidad de todo lo viviente. Ape-
nas si, como hemos apuntado en otra ocasión, asoman
elementos en «Apogeo del apio» que pueden ser equi-
parados con los poemas posteriores; pero justamente
porque se trata sólo de eso, de elementos, es que se
hace más sensible su distancia y separación de las *Odas*[7].

En realidad, los «Cantos» residenciarios se vinculan
más bien con las «Materias» de Gabriela Mistral, casi
todas las cuales poseen tono y estructura hímnicos.
Las *Residencias* se publican en 1935, *Tala,* libro al que
pertenecen los textos mistralianos, aparece en 1938.
Y tampoco aquí, por supuesto, la categoría común de
himno puede dar cuenta de las profundas diferencias
que separan el aliento religioso, volcado a la trascen-
dencia, de la mujer y el contenido sustancial, plena-
mente cismundano, de los himnos nerudianos. Lo «nu-
minoso» (usamos con pinzas esta noción de R. Otto,
expuesta en su célebre estudio *Lo santo*)[8] es correlato
ascensional en la voz de la Mistral, mientras que en
Neruda yace depositado en las hondonadas densas de la
materia.

Si se quisiera hallar precedentes de las *Odas* en la
historia de la lírica chilena, habría que buscarlos más
bien en Pedro Prado, cuyas obras iniciales, sobre todo
(*Flores de cardo,* 1908, y en parte *El llamado del mun-
do,* 1913) esbozan un inventario de seres nacionales,
de árboles y de aves, en particular. Poemas como «Del
laurel», «Las parras», del primer libro o «En las dunas»,
del segundo, tienen la misma mirada descriptiva, cu-

---

[7] Véase nuestra «Interpretación de *Residencia en la tierra*», *Ma-
pocho,* Santiago, 2, julio de 1963, págs. 27-8.

[8] *Das Heilige* data, en su edición original, de 1917. (Hay trad.
esp., en la *Revista de Occidente,* por F. Vela). Claro es que uno
puede utilizar el término «numinoso» en su acepción positivista, re-
lacionada con las religiones primitivas. (V. M. I. Finley, *Aspects
of Antiquity,* Penguin Books, 2.ª ed., 1977).

riosa y morosa a la vez, sobre esos objetos. Es claro que el espiritualismo de Prado superpone significaciones que están muy lejos de la visión «elemental» de Neruda. Asimismo, el proyecto nacional de aquél adquirirá otra dirección a la luz de la conciencia socialista con que éste elabora sus *Odas*. Con todo, en el homenaje que al autor de *Alsino* rindiera en 1962, hay unas frases que en Neruda suenan bien elocuentes: «Era prodigioso su anaquel de observaciones directas de los seres o de la naturaleza. Tal vez esto es lo que se llama sabiduría y Prado es lo que más se acerca a lo que en mi adolescencia pude denominar "un sabio"»[9].

En términos estrictos, los antecedentes propiamente tales de las *Odas* hay que buscarlos en parte en el *Canto general* y, especialmente, como ya adelantábamos, en los libros más inmediatos del mismo Neruda. En otra oportunidad escribimos: «Al lado de esta vena autobiográfica, se insinúa ya en *Las uvas y el viento* el perfil de las *Odas* (1954...), esos preciosos caligramas poéticos que definirán el rostro de la poesía nerudiana durante el decenio 1950-1960. Sólo una muestra, de especial significación dentro del conjunto ya que se vincula el proyecto y a las exhortaciones de la paz:

> Dulces olivas verdes de Frascati,
> pulidas como duros pezones,
> frescas como gotas del océano,
> reconcentrada terrenal esencia.
>
> Las pequeñas olivas,
> frescura, sabor puro,
> medida deliciosa,
> pezón del día azul,
> amor terrestre.

La incorporación del objeto individual en la plenitud de las magnas realidades (el océano, la tierra, el amor)

---

[9] Cfr. «Latorre, Prado y mi propia sombra», *Obras completas,* citada, t. II, pág. 1096.

ya anticipan la arquitectura de las *Odas*, esa móvil y frágil singularidad de las cosas en medio de las leyes generales de la materia y la historia. Las grandes energías de la totalidad pulsan en estos minúsculos granos simbólicos... y comestibles»[10].

En efecto, la especie lírica de la oda dará origen en los próximos años a cuatro libros sucesivos: *Odas elementales* (1954), *Nuevas odas elementales* (1956), *Tercer libro de odas* (1957) y *Navegaciones y regresos* (1959), todos los cuales se publicarán con posterioridad en un solo *Libro de las Odas* (Buenos Aires, Losada, 1972). A lo largo de ellos la oda mantendrá su perfil nítido y su leve esqueleto fundamental, pero asistiremos a variaciones internas que van enriqueciendo la iniciativa poética de Neruda, haciéndola emigrar hasta su gran poesía autobiográfica y testimonial del último periodo. En *Navegaciones y regresos* contemplamos una superposición de oda y biografía, insinuada tempranamente en «Oda a la envidia» y que se resolverá muy pronto en el *Memorial de Isla Negra* (1964, ya antes 1963). En todo caso, este ciclo de las *Odas,* cuya índole y cohesión eran muy claras en la conciencia de Neruda[11], signará de modo mayoritario su poesía en la década de los 50. Después de las profundidades exploradas en *Residencia en la tierra,* luego del continente recorrido en el *Canto general,* entramos en un nuevo bosque, ni vasto ni profundo, sino vivamente aéreo y luminoso, multiplicado en la faz de los objetos singulares que se cantan.

---

[10] Cfr. J. Concha, «Neruda, desde 1952...», en *Coloquio Internacional sobre Pablo Neruda (La obra anterior al Canto general),* Publications du Centre des Recherches Latino-Américaines, Poitiers, 1979, pág. 601.

[11] «Concibo, pues, las *Odas elementales* como un solo libro al que me llevó otra vez la tentación de ese antiguo poema que empezó casi cuando comenzó a expresarse mi poesía» («Algunas reflexiones improvisadas sobre mis trabajos», *Mapocho,* 3, 1964, pág. 182.) De hecho, en algunos libros posteriores a *Navegaciones y regresos* se incluye, de vez en cuando, una que otra oda.

Antes de la gran cosecha lírica de las *Odas,* hubo una siembra inicial, que fue germinando y madurando poco a poco, Siguiendo a H. Loyola, guía en esto insustituible, y a R. Pring-Mill, que ha trabajado sobre los manuscritos de los poemas, es posible reconstituir el taller escondido tras el follaje y en las raíces de las *Odas.* La publicación previa de unas cuantas de ellas es harto significativa, por su carácter y sus circunstancias.

El intento más temprano identificable con las *Odas* venideras es el poema «Hablando en la calle», destinado a ser publicado en el diario *El Nacional,* de Caracas, donde apareció efectivamente el 16 de octubre de 1952. Recuerda Neruda:

> Hablo de las *Odas elementales.* Estas Odas, por una provocación exterior, se transformaron otra vez en ese elemento que yo ambicioné siempre: el de un poema de extensión y totalidad. La incitación provocativa vino de un periódico de Caracas, *El Nacional,* cuyo director, mi querido compañero Miguel Otero Silva, me propuso una colaboración semanal de poesía. Acepté, pidiendo que esta colaboración mía no se publicara en la página de Artes y Letras, en el Suplemento Literario, desgraciadamente ya desaparecido, de ese gran diario venezolano, sino que en sus páginas de crónica. Así logré publicar una larga historia de este tiempo, de las cosas, de los oficios, de las gentes, de las frutas, de las flores, de la vida, de mi visión, de la lucha, en fin, de todo lo que podía englobar de nuevo en un vasto impulso cíclico mi creación[12].

El metro corto, tan peculiar de las *Odas* y, más que nada, el tono llano del poema, se anticipan en casi dos años a la colección que se publicará en 1954. Sin embargo, no se ha advertido bastante, creemos (con la

---

[12] Cfr. *Obras completas,* cit., t. II, 1121.

excepción que anotamos en seguida), un rasgo propio del poema que muestra bien al proyecto nerudiano en su momento inaugural. Si bien se lee, lo característico es esto:

> y en el pan
> busco
> más allá de la forma:
> me gusta el pan, lo muerdo,
> y entonces
> veo el trigo,
> los trigales tempranos,
> la verde forma de la primavera,
> las raíces, el agua,
> por eso
> más allá del pan,
> veo la tierra,
> la unidad de la tierra,
> el agua,
> el hombre,
> y así todo lo pruebo
> buscándote
> en todo.

Estos versos, que pasarán sin cambiar a la «Oda al hombre sencillo», han sido con razón realzados por R. Pring-Mill en uno de sus estudios dedicados a las *Odas* [13]. Estamos de acuerdo con su comentario. Agregaríamos solamente que el objeto singular, en este caso el pan, no alcanza todavía plena independencia, visto como está contra el fondo de los «elementos» que lo constituyen. Esta relación de singularidad a totalidad, de relieve y trasfondo, con todas sus implicaciones visuales y plásticas a que más abajo aludiremos, es fundamental para comprender el despegue de las *Odas*. La visión cósmica de su poesía anterior ha sido tan poderosa que prácticamente Neruda sigue prendido a ella; pero las energías de la naturaleza y su prolongación en el

---

[13] Véase «El Neruda de las *Odas elementales*», en *Coloquio...*, citada, págs. 261 y ss.; cfr. pág. 291.

trabajo del «hombre sencillo» se pacifican ya, se aligeran y se hacen armoniosas en esta *Oda* inaugural.

Que sea un diario el primer vehículo de las *Odas* es, por otra parte, bien ilustrativo. Simboliza casi el aspecto *diario* de las *Odas,* es decir, su condición diurna y meridiana; habla también de su decisión de ser productos de lectura pública, destinados a la colectividad; y subraya, finalmente, la jornada laboral de Neruda que, en su «Oda a la pereza», registra el deber no cumplido, la oda que en el día no llegó a escribirse. «A medida que progresamos en la lectura nos vamos afirmando en la idea de que se trata de un diario poético», escribe un crítico, con un matiz un poco diferente, pero en lo esencial exacto [14].

La oda que sigue inmediatamente en fecha de publicación es «El hombre invisible» *(Pro Arte,* Santiago, 28 de noviembre de 1952). Sin embargo, este poema parece haber sido escrito antes de «Hablando en la calle», pues su manuscrito lleva la fecha de 24 de junio 1952. Fue escrito a máquina, en Sant'Angelo, Ischia, durante la residencia italiana del poeta, cuando aún estaba en prensa la edición anónima de *Los versos del capitán.* Quien lea juntos estos dos poemas, los que se habrán de titular en definitiva «El hombre invisible» y «Oda al hombre sencillo», apreciará con facilidad cuánto se entrecruzan sus significaciones, cómo se superponen, hasta el punto de establecerse entre ellos una comunicación recíproca: el hombre invisible está hecho a imagen y semejanza del hombre sencillo, en la medida en que el poeta supera sus viejos hábitos solitarios y egocéntricos para compartir la vida del trabajador colectivo.

Es curioso que otro poema de esta hornada inicial sea la «Oda a un reloj en la noche», cuyo original, también a máquina, data del 19 de julio de 1952, en la Pensión Sillieron, Vésénaz, Suiza. Es curioso porque,

---

[14] L. de Arrigoitia, «Las *Odas elementales* de Pablo Neruda», *Sin nombre* (San Juan, Puerto Rico), vol. 3, 1, 1972, págs. 31 y ss.; cfr. pág. 36.

como a menudo ocurre con Neruda, se nos depara aquí una pequeña sorpresa. Desde luego, ya su ambientación nocturna lo aleja en gran medida de la atmósfera solar y transparente de las *Odas*. (El caso de la «Oda a la noche» es distinto, pues lo que allí se canta justamente es el poder servicial y milagroso de la noche, la creación del día.) No es sólo este halo de oscuridad. El poema, al desenvolverse como una especie de *revêrie* semi-insomne sobre el tiempo y al dar paso a una serie de imágenes infantiles (madera, aserraderos, aguas de antaño), participa de un tono levemente sombrío. La sombra del pasado pesa sobre el poeta. Un cierto color funerario a veces se divisa: *...plumas negras, ...agua oscura, aroma negro*. Así, ni por su atmósfera ni en su gama sensorial (tan distinta del «corazón verde» de la alcachofa o del «color fogoso» del tomate), estamos ante una oda propiamente tal. Y, sin embargo, el estímulo fugaz que lo desencadena, cuya subitaneidad será muy parecida a la de hermosas odas de elaboración muy posterior[15]:

> En la noche, en tu mano
> brilló como una luciérnaga
> mi reloj,

más algunos recursos fónicos (dobletes o ecos en el interior de los minúsculos versos: *tiempo, tiempo; molía y molía*), aseguran ya su pertenencia al nuevo género que el poeta está inventando.

El poema, enigmático sin duda y bellísimo en su enigma, va casi contra la postulación de claridad y transparencia forjada por Neruda en esos años. ¿Habrá que' considerarlo un hito previo, un pariente prematuro de las *Odas?* Es difícil zanjar este pequeño detalle, pero hay una señal que quizá nos ayude a explicar esta sor-

---

[15] Por ejemplo, su hermosísima «Oda a un camión colorado cargado con toneles», que le oímos una vez recitar en el auditorio de la ex Escuela de Educación, Universidad de Concepción (Chile).

presa ofrecida por Neruda. La *Oda* la va dejando caer isócronamente:

> como un susurro seco
> salía
> de tu mano invisible.
>
> . . . .
>
> siguió el reloj cortando
> de tu mano invisible...
>
> . . . .
>
> la sombra susurraba
> cayendo de tu mano...
>
> . . . .
>
> Yo puse
> mi brazo
> bajo tu cuello invisible.

Lo «invisible» tiene que ver aquí con la sombra, con la oscuridad, con la noche. No se relaciona todavía con la transparencia, que será su nota definitiva una vez que las *Odas* estén ya plenamente concebidas u organizadas. Sólo cabe entonces una pregunta: ¿Hasta qué punto, como en una exigua condensación de la historia poética de Neruda, la invisibilidad clara y transparente de las *Odas* no ha surgido de la espesura del sueño y de las sombras? La mano de la amada está allí, como para sugerirnos una intensa circunstancia personal; y la rememoración hacia la infancia nos sube también, desde una atalaya madura, aunque no plenamente serena de la vida, ese sonido inicial siempre percutiente en la poesía de Neruda, el de la madera y las sierras de sus bosques natales. Tal es la sustancia oscura —oscurecida por las aguas del tiempo— que prepara el fervor luminoso y diáfano de las *Odas*.

En la génesis de las *Odas* es posible, por tanto, establecer el estrato más antiguo a partir de dos criterios cronológicos: los poemas anteriores a su vuelta a Chile, escritos principalmente en Italia y en Suiza, como dos de los que hemos mencionado; o las *Odas* publicadas en el año 1952, que es legítimo igualmente considerar como la fase más temprana del ciclo. Es fácil ver, entonces, que en un lapso determinado se superponen tres proyectos diferentes en la creación de Neruda: *Los versos del capitán* se terminan de imprimir el 8 de julio de 1952, *Las uvas y el viento* se escriben entre el 10 de febrero de 1952 y el 4 de junio de 1953, según reza el colofón de la edición Nascimento, y las *Odas elementales* se habrían empezado a redactar el 24 de junio de 1952, de acuerdo con el manuscrito más antiguo de que hay constancia. Aunque es posible imaginar que el primero ya estaba concluido, es notorio que a mediados de 1952, en torno a junio y a julio de ese año, tres libros se entrecruzan, todos de extraordinaria importancia en la producción de Neruda.

Durante 1953, especialmente en su primera mitad, se escalonan varias *Odas* que van a culminar en la publicación de una *plaquette* por parte de una modesta imprenta provinciana: *Odas elementales* (Cauquenes, Chile, Talleres Gráficos «La Verdad», marzo de 1954, 20 págs.). Pero el conjunto estaba ya finalizado en julio de 1953, como vemos por la dedicatoria del poeta, que dice así:

> Dedico esta primera edición de estas *Odas elementales* al pueblo, a la ciudad, al alcalde Gustavo Cabrera Muñoz, a los campesinos, a las viñas y bosques de Cauquenes y Parral. Julio, 1953.

La mención, aquí, de su pueblo natal apunta a esa otra dimensión de las *Odas,* que confirma lo que decíamos a propósito de su «Oda a un reloj en la noche». Destinación pública y vuelta a las raíces: vuelo y anclaje: tales son las caras siempre presentes en las *Odas,* las alas de aire y tierra en que nos llegan.

En suma: junio —fines de 1952; comienzos de 1953— julio del mismo año; desde la *plaquette* de Cauquenes hasta la publicación definitiva de las *Odas,* tales podrían ser los momentos discernibles en una cronología fina del origen y crecimiento de estos poemas.

El poeta de las Odas

La figura del poeta es un constituyente esencial en toda obra lírica. Voz organizadora, centro de sentimientos y valoraciones, «persona» por relieve o por ausencia en el espacio de sus poemas, esta figura del poeta se articula íntimamente con el tono de su poesía, con su atmósfera, con su visión de los objetos y de las cosas en general. Sólo por análisis y para los efectos de la exposición, es posible y necesario separar estos aspectos. En consecuencia, nos limitamos en este apartado a deslindar esa inasible entidad lírica, que flota, impregna y vive en los poemas y que constituye, en definitiva, el hilo humano de su cántico.

La crítica existente hasta la fecha ha descrito ya, con acierto, algunas componentes de su naturaleza. Solidaridad es su primer rasgo: el poeta no se aísla ni se repliega en sus dolores individuales, sino que comparte los dolores de los demás, habla por ellos. Otra nota es el optimismo. Aunque se hace indispensable entenderlo mejor y aclarar las bases que lo fundan, puede caracterizarse en principio como una reivindicación excluyente de la esperanza. «El hombre invisible», que abre la serie de las *Odas elementales,* culmina en una apelación al cántico que une en sí optimismo y solidaridad:

> y así andaremos juntos,
> codo a codo,
> todos los hombres,
> mi canto los reúne:
> el canto del hombre invisible
> que canta con todos los hombres.

El par de eneasílabos finales no tiene el intenso bruñimiento que el metro suele presentar en la poesía de Darío, de Machado o de la Mistral; por el contrario, al romper el esquema mínimo en que se montaba la *Oda*, parece asociarse con un coro infantil, con canciones de escuela «elemental» que el poeta no dirige, sino a las que resulta incorporado. Mirada infantil no ajena a muchas de las *Odas,* signo matutino también y matiz sensible de un tono siempre fluido en esta poesía.

Solidaridad, optimismo... Y, junto a ellos, algo que bien se ha percibido como risueña actitud autocrítica frente a su poesía anterior. Esos «viejos poetas», ese «antiguo hermano» de que habla en su poema inicial es el rostro del poeta tradicional, qué duda cabe, pero es igualmente él mismo en el pasado, sobre todo el poeta crepuscular de sus versos juveniles o el individuo sufriente de *Residencia en la tierra*. Lo insinúa en varias ocasiones y marcadamente en estos versos de «El hombre invisible» que parecen traer a la memoria su conocido «Farewell», de *Crepusculario*.

> y mi hermano
> el poeta
> estaba enamorado,
> o sufría
> porque sus sentimientos
> son marinos,
> ama los puertos
> remotos, por sus nombres,
> y escribe sobre océanos
> que no conoce...

Autocrítica risueña, ciertamente, que no justifica postular una ruptura completa con lo que venía haciendo, sino que, por la constante ojeada retrospectiva, afianza más bien una unidad, móvil y flexible, fértil de dinamismo dehiscente.

Es ésta una palabra clave en nuestra captación estética de las *Odas*. Y ella tiene aquí, por poder y gracia de esta poesía, su doble significado más frecuente, el físico del aire que nos rodea y el de clima espiritual en que nos llegan envueltos estos poemas.

Esta atmósfera que es consustancial a las *Odas* es posible comprenderla, en su efecto más inmediato, si se la pone en relación con las cualidades de transparencia y claridad que el poeta se ha propuesto. En «Oda al hombre sencillo» nos decía ya que su obligación era «ser transparente»; y en su «Oda a la claridad» sitúa estos poemas bajo el imperio del mediodía, bajo el signo del aire y de la luz solar:

> Oh día pleno,
> oh fruto
> del espacio,
> mi cuerpo es una copa
> en que la luz y el aire
> caen como cascadas.

No es un azar del albafeto el que la primera oda como tal, luego del pórtico e introducción que es «El hombre invisible», sea justamente la «Oda al aire». Esta sustancia clara y transparente será el «elemento» primordial de las *Odas,* su blasón poético. Por supuesto, bien sabemos que hay otros «elementos» en las *Odas.* Hay una «Oda al fuego», hay dos dedicadas «a la tierra»; fuego, tierra y agua son omnipresentes en las *Odas.* Pero, por oposición al mundo denso de su poesía anterior, regido por valores de solidez y profundidad, el «elemento» más nuevo, su bandera de levedad y de gracia, es la magia del aire. La «Oda al aire», podríamos recalcar, no nos entrega solamente el aire de las *Odas,* su espíritu dominante, sino el aire poético de que están hechas —en el sentido de silbo o canción que ellas difunden.

Vamos por partes. La familia de las *Odas* vive, habita entonces, en su casa de aire. Al crear esta unidad de objeto y aire envolvente, al diseñar la objetividad por su libre presencia en los pliegues del aire, se produce en las *Odas* el triunfo de lo diáfano[16]. El aire es, en este sentido, la invisibilidad que da a luz lo visible como tal, en sus límites, en sus contornos, en su perfil. En los antípodas de una poesía cinceladamente escultórica, como la de la Mistral, ésta de Neruda participa más bien de valores plástico-pictóricos, por el baño de aire y de la luz que vierte sobre los objetos. El objeto está ahí, rodeado de aire: a ojos luz: radiante en el halo de su presencia.

Sin embargo, el aire no es sólo esta invisible operación de transparencia. En la *Oda* a él dedicada, resulta ser también, con un epíteto que le calza maravillosamente, «el incansable». Su vida es toda movimiento y ondulación: baila, ríe y juega, sobre todo. Es la otra dimensión de su simplicidad. Y es que el objeto es contorno y nitidez en grado eminente, pero también levitación del instante. En el centro de este ámbito temporal, la oda aspira a captar el objeto en su fugaz fulguración. El reino de las *Odas* es así, en suma, el reino de la presencia y del presente.

Materia de lo diáfano, simple instantaneidad, el aire es, finalmente, medio universal de las *Odas*. El paradigma secreto de esto quizá sea la respiración vegetal o de las cosas ingrávidas, árboles y pájaros (o la figura infantil del volantín*). El nexo entre lo singular y la totalidad es, entonces, de armonioso equilibrio, metabo-

---

[16] Si se quisiera especular filosóficamente, cosa de veras improcedente con las *Odas*, podría pensarse en un horizonte aristotélico de experiencia. No sólo porque estamos ante el reino de las sustancias singulares, con el equilibrio ante una materia y una forma interdependientes, sino también porque la visión se organiza en torno al límite y a lo diáfano. Es esto tal vez lo que ha atraído la atención de los intérpretes católicos de las *Odas*.

* Figura de papel que los niños elevan para jugar; *cometa,* en España.

lismo y circulación entre los ojos y las hojas. Aire: Signo de paz, de un universo pacificado donde las energías del cosmos no tienen un curso violento para crear o destruir, sino que habitan un mundo estable y familiar. La mañana es el mañana: El reino matutino de las *Odas* es utopía sensible, arco de esperanza tendido hacia «el aire de mañana».

Tono

La acústica más sencilla nos enseña que las propiedades del sonido son el tono, la intensidad y el timbre. El tono o altura, determinados en el plano físico por la frecuencia de vibraciones de la onda sonora, ha desplazado su sentido, en el uso literario de la noción, incluyendo valores que no tienen que ver con la altura propiamente tal, sino también con efectos de coloración o del dominio del timbre —lo más cualitativo y material en el sonido—. Tono es así, en poesía, el plano o registro en que se sitúa la voz del poeta y el timbre que la singulariza. Temple, han dicho otros, traduciendo el término alemán *Stimmung,* cuya significación es acaso más abierta y ramificada[17].

Definir un tono es, entonces, cazar lo inasible. Se pueden usar sólo expresiones traslaticias que, como anillos más o menos felices, traten de aprehender las propiedades íntimas del fenómeno en cuestión.

Poesía llana han llamado algunos críticos a esta poesía; y ya vimos que su tono de comunicación estaba ya presente en «Hablando en la calle», ese público embrión de las *Odas*. Poesía conversacional, se ha dicho también, con un término que se suele utilizar más bien para otra clase de expresiones en la poesía contemporánea de América Latina. Llana, comunicativa, con-

---

[17] Véanse las páginas, siempre dignas de relectura, de J. Pfeiffer, *La poesía,* Fondo de Cultura Económica, Colección «Breviarios», en trad. de M. Frenk Alatorre.

versacional: Es una primera caracterización, todavía laxa, del tono predominante en las *Odas elementales.*

Ahora bien, el tono no tiene un poder absoluto en la organización del poema. Es un espejismo subjetivista concebirlo como centro plenipotenciario de irradiación. Otras notas, otros sonidos se le suman, se le superponen, como por un efecto de rebote, provenientes del repertorio léxico o de las imágenes objetivadas en el poema. En relación con estas últimas, se ha hablado a veces de un «gongorismo» existente en las *Odas,* en la medida que ellas pretenden exaltar la belleza de los objetos cotidianos. Primera paradoja de las *Odas,* por lo tanto: Estamos ante una poesía llana y gongorina a la vez. ¿Cómo es esto posible?

Tomemos, por ejemplo, la célebre «Oda al caldillo de congrio» y mirémosla desde este respecto particular. Hay allí un discurso pragmático, casi de receta culinaria, junto a una serie o cascada de imágenes en que plasma un impulso lírico de otro orden. La cadena de imágenes no es independiente, sino que está bañada de cotidianeidad, traspasada de simplicidad. Si el tropismo lírico nos aleja demasiado el objeto hacia el reino de «lo poético» tradicional, allí están ciertos goznes para volvérnoslo a nuestro... plato: *provechoso, para nuestro apetito.* La «Oda al caldillo de congrio» se despliega, entonces, gracias al equilibrio entre lo conversacional y lo imaginativo; equilibrio flexible y natural, que da a las *Odas* su suprema naturalidad.

En realidad, como R. Pring-Mill ha percibido muy bien, cada oda elemental es un despliegue de numerosos cambios de tono, que se van sucediendo en sutiles transiciones o que se rompen bruscamente, en giros inesperados. Las reglas de la oda son reglas caprichosas, con los caprichos de un ánimo que se deleita en jugar con un sistema de su invención. «Yo me río, / me sonrío», comienzan las *Odas;* y entre estas actitudes hay una gama de tonos anímicos que pasa por todos los matices del humor, de la ironía y hasta de lo cómico. Como los reflejos de la luz, como los círculos del aire se in-

34

terpenetran entre sí, también ocurre que el temple espiritual de cada oda es un sistema propio de variaciones, con ritmos inducidos, cambios de velocidad, remansos momentáneos, sorpresas incomparables.

A veces, estas modalidades de la oda descansan en simples apoyos sintácticos, en mínimos adverbios o exiguos desplazamientos en el régimen verbal, la «Oda a Ángel Cruchaga», por ejemplo, se inicia con una rememoración que se interrumpe bruscamente gracias a un simple *de pronto,* que nos sube un tesoro de imágenes de este hermano mayor de Neruda:

> Ángel, recuerdo
> en mi infancia
> austral y sacudida
> por la lluvia y el viento,
> de pronto,
> tus alas,
> el vuelo
> de tu centelleante poesía

hasta que, en la energía magistral de la *Oda,* el amigo se vaya transfigurando en lo que estaba anticipado por su nombre:

> Por eso,
> Ángel,
> te canto...

Métrica

En su impresión más inmediata, el lector de las *Odas* identifica seguramente estos poemas con los versos delgados y minúsculos que los caracterizan. Luego de la versificación de abolengo modernista de su poesía juvenil; de la hábil combinación de metros amplios y versos de arte menor, que signa el sucederse de los poemas en *Residencia en la tierra,* dándole a veces una apariencia similar a *Las flores del mal*; después de la abundancia métrica y la gran variedad de composiciones y subgéneros líricos que se incluyen en el *Canto general,* lo que predomina en las *Odas* es una onda vertical y rumorosa —hilo o cascada en que los versos se desgranan—. Este verso exiguo, mínimo a veces, parece ser el retrato oficial de las *Odas elementales* en la producción nerudiana y en el orbe de la lírica contemporánea en lengua española.

En principio, es posible ver el módulo de las *Odas* como el punto de intersección de una tradición y una renovación en la métrica hispánica: la tradición del verso de arte menor y la renovación versolibrista que tuvo lugar en las primeras décadas del presente siglo.

El registro del arte menor posee una larga y estupenda continuidad en la poesía castellana y latinoamericana. Desde el *Libro del buen amor* y los cancioneros medievales hasta la rica vena popular de los grandes líricos del Siglo de Oro; desde los hexasílabos y heptasílabos que brillan en las *Rimas* con nuevo fulgor («Cerraron sus ojos...») hasta el mismo Darío, que imitó esas *Rimas* (ahora en 1887) sin mucha fortuna, pero que escribió, antes y después, admirables poemitas en arte menor (por ejemplo, el sonetillo «Mía», de *Prosas profanas,* tan bien comentado por Salinas, y su desconocida cancioncilla «Tarde del trópico», en *Cantos de vida y esperanza*); desde los mejores posmodernistas hispanoamericanos (Lugones, Eguren, Herrera y Reissig, López Velarde; también Nervo en México y Pezoa Véliz en Chile) hasta los primeros pasos de la poesía de vanguardia, ya regida en su mayor parte, aunque no siempre, por la utilización del verso libre (Cruchaga Santa María, etcétera).

La renovación versolibrista comienza en Chile con Pedro Prado (1886-1952), cuyos libros iniciales ya han sido mencionados: *Flores de cardo* (1908) y *El llamado del mundo* (1913); y recibe su primera formulación teórica en el «Prefacio» de Vicente Huidobro a su *Adán* (Santiago, Universitaria, 1916). Las ideas tienen allí un cariz polémico y agresivo:

El poeta antiguo atendía al ritmo de cada verso en particular, el versolibrista atiende a la armonía total de la estrofa. Es una orquestación más amplia, sin compás machacante de organillo.

A las protestas de los retóricos adocenados diremos que cada uno de los metros clásicos oficiales y patentados significó, también, en un tiempo, la conquista de una nueva forma, de una libertad.

Y a los que no perciben la armonía del verso libre les diremos que reeduquen bien su oído, su pésimo oído...»[18].

Reivindicación de la armonía por sobre la línea melódica; primado del principio sinfónico de la estrofa por encima del valor del verso aislado: tales son los postulados de Huidobro, quien es probable que tuviera conocimiento de algunas elaboraciones musicológicas de Strawinski. En todo caso, su tono provocador, debido sin duda al rechazo constante del verso libre por los poetas de generaciones anteriores, irá perdiendo sentido a lo largo de los años, a medida que nos adentremos en el siglo XX. El verso libre se irá afianzando y, en 1950, lo raro será cultivar los metros tradicionales, casi siempre identificados con un decir clásico. (Tal vez por eso mismo, Neruda no dejará de publicar muy pronto, en 1959, sus *Cien sonetos de amor,* destinados a pulsar, como dirían los críticos de antaño, la olvidada lira del Petrarca.) Lo cierto es que, como síntesis de dos vertientes de la métrica hispánica, las *Odas elementales* dan al verso libre un cauce de naturalidad. El mismo aspecto caligramático que poseen las *Odas* —varillas de transparencia o columnas movedizas a lo largo de la página— es paliado por análoga actitud. No es el artificio ni la invención ingeniosa lo que domina en los suaves caligramas de las odas; son caligramas naturales —manantial de arte menor desgranado en el fluir versolibrista.

---

[18] Véanse Huidobro, *Obras completas,* Santiago, Editorial Zig-Zag, 1964, t. I, pág. 224.

A decir verdad, esta gracia en el plano de la versificación es un producto de un largo ejercicio de aprendizaje, no brotaría ella sin un maduro conocimiento de los secretos del verso castellano. Aunque no siempre sea verificable, hay algo de cierto en la observación emitida por un crítico cuando las *Odas* empezaban a conocerse: «Porque muchos de esos versos menores son reales endecasílabos partidos en dos»[19]. En efecto, el endecasílabo nerudiano a veces se quiebra en varios peldaños de la oda. A condición de entender, sin embargo, lo que una vez le oímos a Neruda: «En Chile, la gente habla en endecasílabos.» Sea esto exageración o no (y obviamente lo es), lo que importa es que el fondo endecasílabo de muchas odas no está lejos del propósito comunicativo que les es inherente. Si lo hay, se trata de un endecasílabo captado, por decirlo así, en el seno de la comunidad hablante, en el gesto vivo del hablar. Cuando Neruda escribe

> gigante anguila
> de nevada carne,

asistimos tanto a la reproducción del milagro gongorino como a un endecasílabo quebrado y balbuceado: a un hipotético endecasílabo oral.

A pesar de ser siempre natural y espontáneo, el uso de este verso libre de arte menor no es nunca en Neruda caprichoso. Probablemente el verso más corto que se haya escrito en castellano sea uno de la «Oda al cobre» (y también en otras odas de la colección). La *Oda* comienza

> El cobre ahí

---

[19] C. Hamilton, «Itinerario de Pablo Neruda», *Revista Hispánica Moderna,* t. XXII, 1956, pág. 295. La observación la había hecho un poco antes, o simultáneamente, A. Cardona Peña, *Pablo Neruda y otros ensayos,* México, Ediciones de Andrea, Col. «Studium», 1955, página 71.

Más adelante introduce, con un claro propósito de marcar una articulación, otro segmento pequeñísimo

allí...

Y sólo después de esto, de preparar bien el surgimiento de la microscópica sorpresa, graba una incandescente

y

que es hilo de continuidad, nudo en el despliegue de la *Oda* y, asimismo, eco y rebote de los adverbios anteriores.

Como el poeta Luis Rosales ha escrito con acierto, «el verso corto de estos poemas no es nunca caprichoso. La intención de Neruda al utilizarlo ha sido establecer la relación más natural entre fondo y forma, ya que el mundo de los objetos elementales debe expresarse en la forma más sencilla y elemental»[20].

El alfabeto de las Odas

Al comenzar estas páginas anotábamos la circunstancia editorial de esos 28 ejemplares, impresos en tirada aparte de la edición original y que iban numerados de extremo a extremo de las letras del alfabeto.

Se trata de un hecho externo congruente con la distribución de los poemas en cada uno de los cuatro libros de *Odas,* todos los cuales ordenan sus unidades de acuerdo a una estricta sucesión abecedaria. En las *Odas elementales,* que aquí nos ocupan, los poemas proceden de la A a la V, de la «Oda al aire» hasta la «Oda al vino», última del libro.

---

[20] L. Rosales, «Prólogo» a *Poesía,* de P. Neruda, Madrid, Noguer, 1974, pág. 74.

A primera vista, este criterio de ordenación parecería apuntar a una mera yuxtaposición, una pura norma de adición según la cual, a medida que las odas van surgiendo de la mano del autor, hallan su lugar en el conjunto en razón de su marca alfabética. Código de las iniciales, por tanto; y serie abierta, en constante multiplicación.

Sin embargo, este principio ordenador admite además otros dos factores de justificación. Por lo pronto, este aspecto de su composición externa es otro rasgo «elemental» de las *Odas*, su elementalidad más manifiesta. Pues así como el abecedario es el grado elemental en la enseñanza de las letras, así también estas *Odas elementales* aspiran a propagar una sabiduría poética que es de orden elemental, básico, rudimentario en sentido propio, como veremos en seguida. En segundo término, la serie alfabética hay que ponerla en relación con la imagen que Neruda tiene de sus *Odas* y con lo que nos dice del libro y del diccionario, en particular.

En su «Oda a la pereza», el poeta se confiesa

> Ayer sentí que la oda
> no subía del suelo.
> Era hora, debía
> por lo menos
> mostrar una hoja verde.
> Rasqué la tierra: «Sube,
> hermana oda
> —le dije—

Se ve el brote vegetal de la oda, como si ella fuera el producto de un cultivo terrestre. No es la única imagen, por cierto, en la autoconciencia nerudiana de las *Odas*; pero adquiere valor y relieve si se la vincula con lo que Neruda escribe acerca del libro y del diccionario. Al primero dedica el poeta dos de sus *Odas elementales,* como para dar dos visiones complementarias y antitéticas del mismo. Alienación de la vida, anti-vida en la medida que de ella nos separa, el libro es también en la segunda oda

Libro,
hermoso
libro,
mínimo bosque,
hoja
tras hoja,
huele
tu papel
a elemento...

Elemental en el plano del conocimiento, como ya veíamos, esta poesía lo es también por ser libro material —selva rumorosa de hojas y de vida—. Y del diccionario, con un procedimiento muy similar al que empleará Cortázar en *Rayuela* (1963) pero en pleno contraste con la áctitud irónica y mordaz del novelista, nos dirá en una oda posterior:

creció, movió sus hojas
y sus nidos,
movió la elevación de su follaje

. . . .

De tu espesa y sonora
profundidad de selva
dame...

Evidentemente, tras este sentimiento de amor al libro y al diccionario está la gran fidelidad nerudiana a la madera, a los bosques de su infancia. El libro, aun el mismo diccionario, es otra emanación de su amada naturaleza del sur de Chile. De ahí que, en suma, como todo alfabeto, el de las *Odas* haga de ellas un libro elemental, esto es, sencillo y fundamental; y de ahí también que la oda-hoja y el libro-bosque conviertan a la serie de las odas en viva floresta de maravilla. Después del infierno de *Residencia en la tierra,* después del dantesco itinerario del *Canto general* (¿no escucha acaso el poeta, en «La tierra se llama Juan», las voces de los muertos y los torturados?), la selva oscura ha quedado

41

definitivamente atrás. El poeta ha entrado en un espacio luminoso y refrescante.

Mecanismos de las Odas

Algunos estudiosos coinciden en señalar en las *Odas* un esquema de estructuración uniforme, casi siempre tripartito. Sin desconocer que ello pueda resultar válido en casos como los de la «Oda al aire» o de la «Oda al cobre», es bien difícil, y no sé si provechoso, generalizarlo al conjunto de las *Odas.* Lo cual no obsta para que sea posible hallar ciertos mecanismos con los cuales Neruda inicia y desarrolla sus *Odas,* aunque el desenvolvimiento de ellos sea siempre, en cada oda, singular. Nunca, como en esta poesía, ha sido más puesto de relieve el principio de la singularidad concreta. El de los objetos de las *Odas* y de las *Odas* en sí mismas.

A veces, el núcleo desencadenante de la oda puede ser el simple encuentro entre el poeta y su objeto. Tal ocurre en el inicio de la «Oda al aire»:

> Andando en un camino
> me encontré al aire,
> lo saludé y le dije
> con respeto...

El gesto ambulatorio no es exclusivo de esta *Oda.* Aparece en otros poemas, pero no es nunca la actitud del *flâneur* baudelairiano que S. Molloy, por ejemplo, divisa en los poemas bonaerenses de Borges[21]; se trata más bien de un caminar que, con sonrisa e ironía, se propone como atareadamente ocioso. En el ámbito de las *Odas,* el ocio del poeta es la base y ser de su trabajo. Así el poeta parte en la playa, en la llanura en busca de objetos (*Caminando hacia el mar / en la pra-*

---

[21] S. Molloy, *Borges y las letras,* Buenos Aires, Editorial Sudamericana, 1979.

dera..., «Oda a la flor azul»), esto es, de odas, muy activo sin hacer nada, sin hacer otra cosa que componer sus inútiles y utilísimas odas.

Otras veces la oda se engendra, con una dialéctica muy nerudiana ya estudiada por A. Sicard[22], en la pulsación de lo minúsculo a lo grande. En la *Oda* que le dedica, la alegría crece y se propaga en una especie de latido de expansión (*minúscula / claridad / recién nacida, / elefante sonoro...*). En otros casos, es la simple señalización, casi deíctica, de la presencia («Oda al cobre», ya mencionada) o la aparición de lo súbito o lo fugaz («Oda a la tormenta», «Oda a un reloj en la noche»). Y así, sería posible establecer sin duda otros mecanismos de incoación de la oda.

En el poema recién citado, el encuentro del poeta con el aire genera inmediatamente todas las formas de la cortesía civil: saludo, conversación... Para ello, el autor echa mano al arsenal más simple de la vieja retórica: epítetos (*el incansable*), vocativos y apóstrofes (el bellísimo *monarca o camarada,* que nos habla de la sustancia regia y popular del aire), paralelismos, recapitulaciones, etc. Y en todo ello destaca, porque nunca el poeta lo pierde de vista, ese equilibrio estupendo entre diálogo y lirismo al que ya hicimos referencia al hablar del tono de estas *Odas.*

Veamos una oda en particular, la celebérrima «Oda a la alcachofa». Ella está elaborada como una pequeña narración infantil, como una oda que se le contara a un niño, leve y graduada por tanto, íntegra de gracia y picardía.

Todo el sentido de la oda está ya contenido en el fino contraste inicial:

> La alcachofa
> de tierno corazón
> se vistió de guerrero...

---

[22] A. Sicard, «Thème de la goutte et de la graine», *Europe,* enero-febrero 1974, págs. 87 y ss.

Mientras todo a su alrededor es desorden y libertad, variedad abundante de lo verde en el universo, el ojo del poeta nos muestra el aparato guerrero de la planta, sus escamas, su coraza hecha con duras hojas que la protegen y la aíslan. Y luego, marcha, sí, ademán marcial de la alcachofa hacia el mercado, donde todo será orden y órdenes, violenta disciplina. (En estos ritmos contrastantes, percibimos como un aire de Prokofiev, el humorismo de sus suites satíricas.) Cambio súbito de ritmo: he aquí la llegada de María, que examina a la inexperta guerrera

> contra la luz como si fuera un huevo.

El gesto mágico de la mujer es también el del poeta: gesto de transfiguración, de metamorfosis, que termina con las ilusiones combatientes del vegetal. Y todo concluye en el más pacífico de los destinos, en la olla de María. En los versos finales, oímos que se reitera el sonido de la paz:

> la pacífica pasta
> de su corazón verde.

Ritmos humorísticos, como los de Prokofiev; nítida historieta infantil, acaso cual títeres de J. Trnka... El poema, al cerrarse sobre el comienzo, dibuja un último gesto elusivo, como si la oda hubiera sido también, nada más y nada menos, que una simple golosina comestible. Señal de abundancia —abundancia de belleza y de todo— al servicio del hombre.

Lo visual y lo plástico

Los aspectos que hemos venido señalando (atmósfera, versificación, mecanismos desencadenantes, etc.) hacen que las *Odas* constituyan una entrada al esplendor de lo visible. El ojo de Neruda, libremente descriptivo, busca captar la nota esencial del objeto, el signo que lo distingue entre las cosas. Ya al comienzo de su *Metafísica,* al subrayar la primacía de la vista, Aristóteles decía que «de los sentidos, éste es el que nos hace conocer más, y nos muestra muchas diferencias»[23].

Materia y forma conviven en el objeto pacíficamente. Es un plano más, otra dimensión del universo pacificado de las *Odas* que hemos puesto de relieve. No hay ya, como en *Residencia en la tierra,* un exceso de creación material, que daba a la naturaleza un cuerpo avasallante en relación con la infecundidad social de los hombres. Primado del tacto, en ese entonces (*Con mi razón apenas, con mis dedos...,* comenzaba «Entrada a la madera»). Ahora, asistimos a una plena compenetración de sustancia y superficie, pues cada línea exterior del objeto contiene la exacta vida natural que le corresponde. En este sentido, no es muy propio hablar de metáforas en la poesía de las *Odas*, debido a que el régimen que organiza las imágenes no es el de la analogía. Todo objeto, toda forma singular equivale a una sinécdoque del cosmos, en la medida en que participa de las fuerzas solidarias de la realidad.

Por este predominio de lo visual, la impresión más eficaz que comunican las *Odas elementales* es la de la variedad del mundo. La riqueza de las especies, la multiplicidad de las formas constituyen el deleite de los ojos y de los sentidos en general. Neruda se complace en nombrar y cantar los objetos plurales, poniéndolos uno junto a otro, comparando sus figuras, sorprendiendo sus detalles.

En casi todas las *Odas* vemos acentuados los datos de color. La gama de Neruda es simple y evanescente al mismo tiempo; abunda lo nítido, los colores que identifican a un objeto, pero éste se extiende en círculos de luz, en ondas que lo rodean de atmósfera y transparencia. Nuevamente aquí, la sensibilidad residenciaria

---

[23] *Met.,* Alfa mayor, 980a 25; ahora, en la trad. de V. García Yebra, Madrid, Gredos, 1970, vol. I, pág. 2.

que situaba al objeto en la perspectiva de sus raíces, se vuelve un arte de contornos, que confiere a las *Odas* en su conjunto un sello de viva plasticidad. Materia y atmósfera se equilibran, porque ésta es sólo una modalidad de aquélla. El objeto entonces, en lo abierto del mundo, está como en su propia casa.

Reminiscencias

Los sabios de la «intertextualidad», tan de moda en estos días, probablemente tendrían que ajustar su noción para dar cuenta del juego interno de la poesía nerudiana. Tendrían que hablar de algo así como «intertextualidad» refleja, o recíproca, o de algún otro camelo. Y es que en cada nueva espiral que da su poesía, Neruda retoma sus viejos materiales, reabre su cantera de imágenes, volviendo a darle un sesgo o un súbito viraje.

En «Vuelve el otoño», poema de los últimos de *Residencia en la tierra,* Neruda había escrito:

El caballo del viejo otoño tiene la barba roja
y la espuma del miedo le cubre las mejillas
y el aire que le sigue tiene forma de océano
y perfume de vaga podredumbre enterrada.

Ahora, en su «Oda al otoño», una de las dedicadas a las cuatro estaciones, nos dice:

Otoño, buen jinete,
galopemos,
antes que nos ataje
el negro invierno.

¿Mutación, metamorfosis? El sistema imaginario persiste, aunque el tono haya cambiado completamente. De fuerza natural monstruosa que era, el otoño pasa a ser un gesto del trabajo rural, un galope vivo y fraternal entre el poeta y los caminos de la tierra.

En «Entrada a la madera» Neruda había cantado así:

> Dulce materia, oh rosa de alas secas,

en un ambiguo homenaje en que reconocía a la madera su poder de ignición, pero constataba a la vez su impotencia actual para florecer. La imagen sube una vez más, envuelta en otra aura, acá en su «Oda a la madera»:

> te toco y te abres
> como una rosa seca
> que sólo para mí resucitara...

La imagen de la rosa, recurrente en las *Odas elementales* (y que Neruda había ya utilizado en el *Canto general* como nexo para unir y diferenciar sus amplias secciones), crea una red de motivos en el conjunto poético, que hay que sumar a los motivos conductores de la paz, del camino y de la copa, entre otros de menor significación. No es éste, sin embargo, un lugar para proceder a una descripción de su funcionamiento.

Y en una ojeada retrospectiva, que imita y trasmuta su antiguo «canto material», sigue el poeta

> veo
> salir de ti,
> como un vuelo de océano
> y palomas...

El caos y confusión de otro tiempo se han hecho utopía sensible y realizada.

Más curioso e interesante tal vez es el caso de su «Oda al fuego». En ciertos momentos de este poema, Neruda retrocede a textos de muy remoto origen. En una temprana prosa juvenil, había escrito: «Pero, oídme, yo he de liberarme. ¿Lo comprendéis? El salto hacia la altura, el vuelo contra el cielo infinito, seré yo quien lo haga, y antes de vosotros.» El pasaje, aunque adolescente o quizá precisamente por serlo, está puesto en una sensibilidad prometeica, de asalto al cielo, que en una oportunidad comentamos[24]. Ahora bien, este ímpetu prometeico se impondrá más tarde, con un tono revolucionario de clara ascendencia marxista, en su «Oda de invierno al río Mapocho», al fin del *Canto general de Chile*. La oda aquélla finalizaba, con voz imprecatoria:

> Oh, que no sea
> oh, que no sea y que una gota de tu espuma negra
> salte del légamo a la flor del fuego
> y precipite la semilla del hombre.

En su actual «Oda al fuego», de aliento más risueño, el poeta pide a su compañero de aventura:

> Ábrete, suéltate
> el pelo
> enmarañado,
> sube y quema
> las alturas del cielo.

La rebeldía poética juvenil, el mito prometeico del *Canto general* dan cabida, ahora, a una nueva elaboración de tan ardiente materia.

Sería posible extender más estas palabras; observar, por ejemplo, cómo en su «Oda a Ángel Cruchaga» Neruda retrabaja un viejo texto escrito en Java, destinado a servir de «Introducción a la poética de Ángel Cruchaga»[25]; o cómo en la «Oda a César Vallejo» asoman ecos de una página funeral redactada en agosto de 1938. Sería volver a lo mismo: a la propensión reminiscente que es posible percibir en el trabajo interno de las *Odas*.

---

[24] En nuestro ensayito «Proyección de *Crepusculario*», de 1964. (Cfr. *Tres ensayos de Pablo Neruda*, Columbia, S. C., The University of South Carolina, 1974, pág. 8.)
[25] El artículo está fechado en Batavia, Java, febrero de 1931 y fue publicado por primera vez en *Atenea*, Concepción, Chile, 75-76, 1931.

Perspectiva histórica

En 1971, con ocasión del Premio Nobel concedido a Neruda y a propósito de las *Odas elementales,* escribíamos:

> Cesado el *Canto general,* se produce en la obra de Neruda un giro considerable, no bien analizado todavía. La visión contradictoria y violenta de América Latina, que irrumpía con tanta fuerza en la gran epopeya, parece de pronto pacificarse, suavizada en luces tenues y hasta lúdicas. Es la tesis, justa como instancia descriptiva, de Luis Oyarzún. Mediando apenas cuatro años —de 1950 a 1954— el poeta desterrado vuelve a Chile con una poesía irreconocible. Escándalo; y críticas desde lados extremos. Traición flagrante a la lucha popular para algunos (Pablo de Rokha), esta poesía, para otros, está maleada en su raíz por el compromiso político (Benjamín Subercaseaux). Lo que pasa, de hecho, es algo más simple y evidente. Se trata de un cambio decisivo de perspectiva histórica, operado en virtud de la dilatación social que experimenta en esos años la materia del canto nerudiano. Antes, expresión de América —de sus dolores y de la esperanza de grandes multitudes; ahora, esta poesía tiene fronteras mundiales, reinando en ella confianza en el orden que el campo socialista ha instaurado para la humanidad. El malestar reside entonces en un desfase: lo que resulta realidad en el mundo socialista suena a utopía entre pueblos subdesarrollados. El presente de allá es, acá, un futuro casi inconcebible. Frente a la inmediatez del *Canto general,* a su poderoso acercamiento a las cosas cotidianas, esta inmensa perspectiva se vuelve casi increíble, un acto mágico más que un grado de evolución[26].

---

[26] Véase «Sobre algunos poemas de *Canción de gesta»,* en H. Loyola, editor: «Estudios sobre Pablo Neruda», *Anales de la Universidad de Chile,* 1971, págs. 209-210.

La situación en América Latina tampoco era inmutable y, en algunos países, aparecían síntomas alentadores. En Bolivia, la revolución del 9 de abril de 1952 triunfa gracias al apoyo de masas que los obreros brindan a la insurrección del Movimiento Nacional Revolucionario; en octubre del mismo año se produce la nacionalización de los consorcios Patiño, Hochschild y Aramayo, que representaban el 80 por 100 del total de la industria del estaño. En Guatemala, luego del período democrático de Arévalo (1945-1950), el gobierno de J. Arbenz (1950-1954) promueve una reforma agraria que entrega tierras a cerca de cien mil campesinos[27]. En Chile mismo, ya lo recordábamos, la parcial apertura democrática de 1952 da otro tono a la vida política del país.

Dos piezas capitales de estos años echan luz sobre la perspectiva con que Neruda ve su poesía y, dentro de ésta, las *Odas*. Una es el «Prólogo» que Neruda redactó para la antología *Poesía política* (Santiago, Editora Austral, 1953, 2 tomos), preparada por M. Aguirre. Lleva por título «Todo es nuevo bajo el sol» y fue firmado en Los Guindos, en noviembre de 1952. Desde su mismo encabezamiento, se perfila la poética de las *Odas*; y en su texto figuran por lo menos dos imágenes características de la primera serie de poemas: «esta rosa de todos los tiempos», «los caminos del hombre». Extraemos de esta pieza dos momentos significativos, el primero de los cuales muestra las virtualidades utópicas de su poesía:

> Es esta relación entre la tierra, el tiempo y el hombre la que necesita riego y fulgor, es decir, poesía, para resplandecer y fructificar, para que la dicha universal sea nuestro reino común (...)
> El camino de la poesía sale hacia fuera, por calles

---

[27] La «Oda a Guatemala» parece ser anterior al 26 de junio de 1954, fecha en que presenta Arbenz su dimisión, debido a la invasión de Castillo Armas, montada por el Departamento de Estado y financiada por la CIA.

y fábricas, escucha en todas las puertas de los explo-
tados, corre y advierte, susurra y congrega, amenaza
con la voz pesada de todo el porvenir, está en todos
los sitios de las luchas humanas, en todos los combates,
en todas las campanas que anuncian el mundo que
nace, porque con fuerza, con esperanza, con ternura
y con dureza lo haremos nacer.

El otro texto es su Discurso ante el Congreso Conti-
nental de la Cultura, llevado a cabo en Santiago de Chi-
le, en mayo de 1953, y que contó con la asistencia y par-
ticipación de destacados escritores latinoamericanos. Su
Discurso, pronunciado en el Teatro de Caupolicán el 26
de mayo y publicado en el diario *El Siglo* el 31 del mismo
mes, se titula «A la paz por la poesía», marcando así una
vez más la constante preocupación de Neruda en ese
tiempo. La dialéctica de la oscuridad y de la luz, tan
hondamente meditada por el poeta en *Residencia en la
tierra* y en el *Canto general,* reaparece todavía, para
expresar una nueva concepción de la lucha y de la
poesía. He aquí dos párrafos de esta importante alo-
cución

> El mayor problema de estos años en la poesía, y
> naturalmente, en mi poesía, ha sido el de la oscuri-
> dad y la claridad. Yo pienso que escribimos para un
> Continente en que todas las cosas están haciéndose, y
> sobre todo, en el que queremos hacer todas las cosas.
> Nuestras gentes están recién aprendiendo profesiones,
> artesanías, artes y oficios. Por lo menos, recobrándo-
> los (...) Somos naciones compuestas por gentes senci-
> llas, que están aprendiendo a construir y a leer.
> Para esas gentes sencillas escribimos.

> El mundo está respirando con ansiedad el aire de una
> futura paz en Corea y del término de la espantosa guerra
> fría que en realidad nos está helando las almas. Los gran-
> des escritores de Estados Unidos tienen el deber de
> dialogar con los valores culturales de la Unión Soviética.

Desde su fecha de aparición, las *Odas elementales* han suscitado valoraciones muy diversas. En el país, el primer círculo receptivo es también un círculo de confusión. Mientras el infaltable Alone (Hernán Díaz Arrieta), crítico oficial del diario *El Mercurio*, saluda favorablemente el libro, algunos críticos de izquierda vocean su malestar. El más virulento de sus detractores será, en esta ocasión como en otras, Pablo de Rokha. En su libro *Neruda y yo* (Santiago de Chile, Editorial Multitud, 1955), escribió: «La elementalidad sencilla que practica y predica equivoca las categorías marxistas. Los objetos no son objetos, en Neruda, no son vivencias, son inercias, son negación de la realidad, epifenómenos; plantea el existencialismo, y sus poemas son ahistóricos: idealismo» (pág. 5).

Pese a lo desbordante de su decir, hay que reconocer en De Rokha la seriedad con que encara la fundamentación ideológica de la poesía. Posiblemente, cuando se estudie con calma la polémica delirante en que se trabó con Neruda (y que casi siempre fue polémica unilateral), se advertirá que había más que un fundamento personal en la oposición insuperable de los dos Pablos, el de Temuco y el de Licantén, el de la Frontera y el otro, producto de una de las zonas menos conocidas de Chile. Por el momento, creemos que De Rokha se equivoca en su afirmación. En las *Odas elementales* las singularidades objetivadas respiran y alientan en una atmósfera histórica universal. El aire, las cosas comestibles, los seres animados viven en una época determinada, asfixiante pero más que nada promisoria. Lejos de lo que De Rokha cuestiona, los objetos están enclavados en coordenadas sociales, son productos históricos de una práctica colectiva, son belleza rebajada a mercancía minoritaria y bienes de consumo susceptibles de engendrar belleza para todos. Cada una de las odas es una mostración sensible de este hecho.

No obstante, era quizá el fermento utópico el que irritaba la sensibilidad de De Rokha, más dado a acentuar, en su poesía como en su personalidad, el lado hiriente de la contradicción, el poder de lo negativo. Así, otras dos críticas más recientes consideran reflexivamente esta limitación estética (relativa) de las *Odas*. Según A. Mellis, autor de una excelente introducción en italiano a la poesía de Neruda, «el repudio de la visión trágica», característico de las *Odas*, «se acompaña de un cansancio, de una carencia de vigor fantástico y a la vez, de un modo muy significativo, de un extremo refinamiento de la técnica artística en sus aspectos más exquisitamente artesanales»[28]. Por su parte, el estudioso francés A. Sicard, luego de definir el proyecto de las *Odas* como «realismo utópico» y de reconocer «el sortilegio que ejerce la poesía límpida de las *Odas*», pasa a describir en términos resueltamente filosóficos esta paradoja central:

«Al reducirse a la dimensión de comunicación exclusivamente, la poesía se priva paradójicamente de su poder específico de comunicación. Al confundirse con las otras formas del trabajo humano, al renunciar a lo que constituye su diferencia, el trabajo poético se niega a sí mismo en tanto que trabajo»[29]. Con todo, debe admitir en seguida que la práctica misma de las *Odas* sobrepasa y resuelve la paradoja existente en el plano doctrinal.

Esta recepción mundial de las *Odas*, que comenzó con críticos como el cubano E. Florit[30] y el guatemalteco A. Cardona Peña y que ha llegado a los puntos de valoración recién mencionados, corre parejas con una amplia circulación de estos poemas. En Chile, junto a

---

[28] A. Melis, *Neruda,* Florencia, La Nuova Italia, 1976, págs. 72-73.

[29] A. Sicard, *El pensamiento poético de Pablo Neruda,* Madrid, Gredos, 1981, pág. 611.

[30] Cfr. «Un nuevo acento de Pablo Neruda», *Revista Hispánica Moderna,* t. XXII, 1956, págs. 34-36. En la página 36, Florit certeramente se pregunta: «¿O tendrá acaso este libro algo que ver con la nueva ofensiva de la paz?» Nuestra respuesta es francamente positiva.

la poesía política más directa del *Canto general*, acaso
sean las *Odas* las que han alcanzado los más vastos
auditorios. En la voz del poeta o en discos grabados
por él mismo o a través de intentos de recitación poli-
fónica, como los ensayados por los hermanos Duvau-
chelle, las odas se han propagado por el territorio, pe-
netrando en las capas populares y en las clases medias
del país. Este firme asentamiento en la realidad de la
que emergieron va a la par con su proyección mundial,
pues como afirma E. Camacho Guizado en uno de los
estudios sintéticos más valiosos que existen sobre la
poesía de Neruda:

> «...las *Odas elementales* constituyen una de las realiza-
> ciones más ambiciosas y logradas de cualquier poesía,
> sea europea o americana. Sólo con ellas Neruda tendría
> uno de los lugares más distinguidos en nuestras historia
> literaria»[31].

Esta edición

Esta edición reproduce la original de 1954, que se ha
mantenido sin variación en todas las numerosas publica-
ciones posteriores.

La sencillez de las *Odas* y su habla contemporánea
hacen innecesario un aparato de notas. Sólo hemos in-
cluido algunas para aclarar los escasos chilenismos que
figuran en ellas; casi todos están concentrados en la
«Oda a las aves de Chile».

Y la «Introducción», como el lector ya habrá adver-
tido, se ha ocupado exclusivamente de las *Odas elemen-
tales*, sin tomar en cuenta, salvo en ocasiones conta-
dísimas, las de otros conjuntos que recogen el mismo
tipo de poesía.

---

[31] E. Camacho Guizado, *Pablo Neruda. Naturaleza. Historia y
Poética*, Madrid, SGEL, 1978, pág. 206.

Bibliografía

I. Repertorios bibliográficos

Becco, H. J., *Pablo Neruda. Bibliografía,* Buenos Aires, Casa Pardo, S. A., 1975.

Escudero, A., «Fuentes para el conocimiento de Pablo Neruda» en P. Neruda, *Obras completas,* Buenos Aires, Editorial Losada, 3.ª ed., 1968, t. II, págs. 1503 y ss. (Hay separata de la revista *Mapocho.*)

Loyola, H., «La obra de Pablo Neruda. Guía bibliográfica», *ibíd.,* págs. 1315 y ss.

II. Libros biográficos y autobiográficos

Aguirre, M., *Genio y figura de Pablo Neruda,* Buenos Aires, Eudeba, 1964; hay edición posterior *(Las vidas de Pablo Neruda,* Santiago, Zig-Zag, 1967).

Neruda, P., *Confieso que he vivido,* Barcelona, Seix Barral, 1974.

III. Estudios sintéticos

Camacho Guizado, E., *Pablo Neruda. Naturaleza, historia y poética,* Madrid, SGEL, 1978.

De Costa, R., *The poetry of Pablo Neruda,* Cambridge, Mass., Harvard University Press, 1979.

Melis, A., *Neruda,* Florencia, La Nuova Italia, 1976.

IV. MONOGRAFÍAS

ALONSO, A., *Poesía y estilo de Pablo Neruda,* Buenos Aires, Losada, 1940.
LOYOLA, H., *Ser y morir en Pablo Neruda,* Santiago, Editora Santiago, 1967.
SICARD, A., *El pensamiento poético de Pablo Neruda,* Madrid, Gredos, 1981.

V. ARTÍCULOS (sobre las *Odas elementales*).

ALAZRAKI, J., «Observaciolnes sobre la estructura de la oda elemental», *Mester,* UCLA, IV, 2, abril de 1974, páginas 94-102.
DE ARRIGOITIA, L., «Las *Odas elementales* de Pablo Neruda», *Sin nombre,* vol. 3, 1, 1972, págs. 31 y ss.
FLORIT, E., «Un nuevo acento de Pablo Neruda», *Revista Hispánica Moderna,* t. XXII, 1956, págs. 34-36.
FOXLEY, C., «Estructura progresivo-reiterativa en *Odas elementales*», *Taller de Letras,* Santiago de Chile, 2, 1972, páginas 25-39.
LERNER, V., «Réalité profane, réalité sacrée dans les *Odas elementales*», *Bulletin de la Fac. des Letres de Strasbourg,* 44, 1966, págs. 759 y ss. (No consultado.)
PRING-MILL, R., «La elaboración de la cebolla», en *Actas del Tercer Congreso Internacional de Hispanistas,* México, El Colegio de México, 1970, págs. 739 y ss.
— «El Neruda de las *Odas elementales*», en *Coloquio Internacional sobre Pablo Neruda,* Poitiers, 1979, págs. 261 y ss.
RIVERO, E., «La estética esencial en una oda nerudiana», en *Actas. Simposio Pablo Neruda,* J. Loveluck, editor, University of South Carolina, 1975, págs. 79 y ss.
ALEGRÍA, F., «Introduction», *The Elementary Odes...* Nueva York, Cypress Books, 1961, págs. 9-17.

Odas elementales

Carta de Neruda, 1923.

EL HOMBRE INVISIBLE

Yo me río,
me sonrío
de los viejos poetas,
yo adoro toda
la poesía escrita,
todo el rocío,
luna, diamante, gota
de plata sumergida,
que fue mi antiguo hermano,
agregando a la rosa,
pero
me sonrío,
siempre dicen «yo»,
a cada paso
les sucede algo,
es siempre «yo»,
por las calles
sólo ellos andan
o la dulce que aman,
nadie más,
no pasan pescadores,
ni libreros,
no pasan albañiles,
nadie se cae
de un andamio,
nadie sufre,
nadie ama,
sólo mi pobre hermano,

el poeta,
a él le pasan
todas las cosas
y a su dulce querida,
nadie vive
sino él solo,
nadie llora de hambre
o de ira,
nadie sufre en sus versos
porque no puede
pagar el alquiler,
a nadie en poesía
echan a la calle
con camas y con sillas
y en las fábricas
tampoco pasa nada,
no pasa nada,
se hacen paraguas, copas,
armas, locomotoras,
se extraen minerales
rascando el infierno,
hay huelga,
vienen soldados,
disparan,
disparan contra el pueblo,
es decir,
contra la poesía,
y mi hermano
el poeta
estaba enamorado,
o sufría
porque sus sentimientos
son marinos,
ama los puertos
remotos, por sus nombres,
y escribe sobre océanos
que no conoce,
junto a la vida, repleta
como el maíz de granos,

él pasa sin saber
desgranarla,
él sube y baja
sin tocar la tierra,
o a veces
se siente profundísimo
y tenebroso,
él es tan grande
que no cabe en sí mismo,
se enreda y desenreda,
se declara maldito,
lleva con gran dificultad la cruz
de las tinieblas,
piensa que es diferente
a todo el mundo,
todos los días come pan
pero no ha visto nunca
un panadero
ni ha entrado a un sindicato
de panificadores,
y así mi pobre hermano
se hace oscuro,
se tuerce y se retuerce
y se halla
interesante,
interesante,
ésta es la palabra,
yo no soy superior
a mi hermano,
pero sonrío,
porque voy por las calles,
y sólo yo no existo,
la vida corre
como todos los ríos,
yo soy el único
invisible,
no hay misteriosas sombras,
no hay tinieblas,
todo el mundo me habla,

me quieren contar cosas,
me hablan de sus parientes,
de sus miserias
y de sus alegrías,
todos pasan y todos
me dicen algo,
y cuántas cosas hacen!:
cortan maderas,
suben hilos eléctricos,
amasan hasta tarde en la noche
el pan de cada día,
con una lanza de hierro
perforan las entrañas
de la tierra
y convierten el hierro
en cerraduras,
suben al cielo y llevan
cartas, sollozos, besos,
en cada puerta
hay alguien,
nace alguno,
o me espera la que amo,
y yo paso y las cosas
me piden que las cante,
yo no tengo tiempo,
debo pensar en todo,
debo volver a casa,
pasar al Partido,
qué puedo hacer,
todo me pide
que hable,
todo me pide
que cante y cante siempre,
todo está lleno
de sueños y sonidos,
la vida es una caja
llena de cantos, se abre
y vuela y viene
una bandada

de pájaros
que quieren contarme algo
descansando en mis hombros,
la vida es una lucha
como un río que avanza
y los hombres
quieren decirme,
decirte,
por qué luchan,
si mueren,
por qué mueren,
y yo paso y no tengo
tiempo para tantas vidas,
yo quiero
que todos vivan
en mi vida
y canten en mi canto,
yo no tengo importancia,
no tengo tiempo
para mis asuntos,
de noche y de día
debo anotar lo que pasa,
y no olvidar a nadie.
Es verdad que de pronto
me fatigo
y miro las estrellas,
me tiendo en el pasto, pasa
un insecto color de violín,
pongo el brazo
sobre un pequeño seno
o bajo la cintura
de la dulce que amo,
y miro el terciopelo
duro
de la noche que tiembla
con sus constelaciones congeladas,
entonces
siento subir a mi alma
la ola de los misterios,

la infancia,
el llanto en los rincones,
la adolescencia triste,
y me da sueño,
y duermo
como un manzano,
me quedo dormido
de inmediato
con las estrellas o sin las estrellas,
con mi amor o sin ella,
y cuando me levanto
se fue la noche,
la calle ha despertado antes que yo,
a su trabajo,
van las muchachas pobres,
los pescadores vuelven,
del océano,
los mineros
van con zapatos nuevos
entrando en la mina,
todo vive,
todos pasan,
andan apresurados,
y yo tengo apenas tiempo
para vestirme,
yo tengo que correr:
ninguno puede
pasar sin que yo sepa
adónde va, qué cosa
le ha sucedido.
No puedo
sin la vida vivir,
sin el hombre ser hombre
y corro y veo y oigo
y canto,
las estrellas no tienen
nada que ver conmigo,
la soledad no tiene
flor ni fruto.

Dadme para mi vida
todas las vidas,
dadme todo el dolor
de todo el mundo,
yo voy a transformarlo
en esperanza.
Dadme
todas las alegrías,
aun las más secretas,
porque si así no fuera,
cómo van a saberse?
Yo tengo que contarlas,
dadme
las luchas
de cada día
porque ellas son mi canto,
y así andaremos juntos,
codo a codo,
todos los hombres,
mi canto los reúne:
el canto del hombre invisible
que canta con todos los hombres.

ODA AL AIRE

Andando en un camino
encontré al aire,
lo saludé y le dije
con respeto:
«Me alegro
de que por una vez
dejes tu transparencia,
así hablaremos.»
El incansable,
bailó, movió las hojas,

sacudió con su risa
el polvo de mis suelas,
y levantando toda
su azul arboladura,
su esqueleto de vidrio,
sus párpados de brisa,
inmóvil como un mástil
se mantuvo escuchándome.
Yo le besé su capa
de rey del cielo,
me envolví en su bandera
de seda celestial
y le dije:
monarca o camarada,
hilo, corola o ave,
no sé quién eres, pero
una cosa te pido,
no te vendas.
El agua se vendió
y de las cañerías
en el desierto
he visto
terminarse las gotas
y el mundo pobre, el pueblo
caminar con su sed
tambaleando en la arena.
Vi la luz de la noche
racionada,
la gran luz en la casa
de los ricos.
Todo es aurora en los
nuevos jardines suspendidos,
todo es oscuridad
en la terrible
sombra del callejón.
De allí la noche,
madre madrastra,
sale
con un puñal en medio

66

de sus ojos de búho,
y un grito, un crimen,
se levantan y apagan
tragados por la sombra.
No, aire,
no te vendas,
que no te canalicen,
que no te entuben,
que no te encajen
ni te compriman,
que no te hagan tabletas,
que no te metan en una botella,
cuidado¡
llámame
cuando me necesites,
yo soy el poeta hijo
de pobres, padre, tío,
primo, hermano carnal
y concuñado
de los pobres, de todos,
de mi patria y las otras,
de los pobres que viven junto al río,
y de los que en la altura
de la vertical cordillera
pican piedra,
clavan tablas,
cosen ropa,
cortan leña,
muelen tierra,
y por eso
yo quiero que respiren,
tú eres lo único que tienen,
por eso eres
transparente,
para que vean
lo que vendrá mañana,
por eso existes,
aire,
déjate respirar,

no te encadenes,
no te fíes de nadie
que venga en automóvil
a examinarte,
déjalos,
ríete de ellos,
vuélales el sombrero,
no aceptes
sus proposiciones,
vamos juntos
bailando por el mundo,
derribando las flores
del manzano,
entrando en las ventanas,
silbando juntos,
silbando
melodías
de ayer y de mañana,
ya vendrá un día
en que libertaremos
la luz y el agua,
la tierra, el hombre,
y todo para todos
será, como tú eres.
Por eso, ahora,
cuidado!
y ven conmigo,
nos queda mucho
que bailar y cantar,
vamos
a lo largo del mar,
a lo alto de los montes,
vamos
donde esté floreciendo
la nueva primavera
y en un golpe de viento
y canto
repartamos las flores,
el aroma, los frutos,

el aire
de mañana.

ODA A LA ALCACHOFA

La alcachofa
de tierno corazón
se vistió de guerrero,
erecta, construyó
una pequeña cúpula,
se mantuvo
impermeable
bajo
sus escamas,
a su lado
los vegetales locos
se encresparon,
se hicieron
zarcillos, espadañas,
bulbos conmovedores,
en el subsuelo
durmió la zanahoria
de bigotes rojos,
la viña
resecó los sarmientos
por donde sube el vino,
la col
se dedicó
a probarse faldas,
el orégano
a perfurmar el mundo,
y la dulce
alcachofa
allí en el huerto,
vestida de guerrero,
bruñida
como una granada,

orgullosa,
y un día
una con otra
en grandes cestos
de mimbre, caminó
por el mercado
a realizar su sueño:
la milicia.
En hileras
nunca fue tan marcial
como en la feria,
los hombres
entre las legumbres
con sus camisas blancas
eran
mariscales
de las alcachofas,
las filas apretadas,
las voces de comando,
y la detonación
de una caja que cae,
pero
entonces
viene
María
con su cesto,
escoge
una alcachofa,
no le teme,
la examina, la observa
contra la luz como si fuera un huevo,
la compra,
la confunde
en su bolsa
con un par de zapatos,
con un repollo y una
botella
de vinagre
hasta

que entrando a la cocina
la sumerge en la olla.
Así termina
en paz
esta carrera
del vegetal armado
que se llama alcachofa,
luego
escama por escama
desvestimos
la delicia
y comemos
la pacífica pasta
de su corazón verde.

ODA A LA ALEGRÍA

Alegría,
hoja verde
caída en la ventana,
minúscula
claridad
recién nacida,
elefante sonoro,
deslumbrante
moneda,
a veces
ráfaga quebradiza,
pero
más bien
pan permanente,
esperanza cumplida,
deber desarrollado.
Te desdeñé, alegría.
Fui mal aconsejado.
La luna
me llevó por sus caminos.

71

Los antiguos poetas
me prestaron anteojos
y junto a cada cosa
un nimbo oscuro
puse,
sobre la flor una corona negra,
sobre la boca amada
un triste beso.
Aún es temprano.
Déjame arrepentirme.
Pensé que solamente
si quemaba
mi corazón
la zarza del tormento,
si mojaba la lluvia
mi vestido
en la comarca cárdena del luto,
si cerraba
los ojos a la rosa
y tocaba la herida,
si compartía todos los dolores,
yo ayudaba a los hombres.
No fui justo.
Equivoqué mis pasos
y hoy te llamo, alegría.

Como la tierra
eres
necesaria.

Como el fuego
sustentas
los hogares.

Como el pan
eres pura.

Como el agua de un río
eres sonora.

Como una abeja
repartes miel volando.

Alegría,
fui un joven taciturno,
hallé tu cabellera
escandalosa.

No era verdad, lo supe
cuando en mi pecho
desató su cascada.

Hoy, alegría,
encontrada en la calle,
lejos de todo libro,
acompáñame:
contigo
quiero ir de casa en casa,
quiero ir de pueblo en pueblo,
de bandera en bandera.
No eres para mí sólo.
A las islas iremos,
a los mares.
A las minas iremos,
a los bosques.
No sólo leñadores solitarios,
pobres lavanderas
o erizados, augustos
picapedreros,
me van a recibir con tus racimos,
sino los congregados,
los reunidos,
los sindicatos de mar o madera,
los valientes muchachos
en su lucha.

Contigo por el mundo!
Con mi canto!
Con el vuelo entreabierto

de la estrella,
y con el regocijo
de la espuma!

Voy a cumplir con todos
porque debo
a todos mi alegría.

No se sorprenda nadie porque quiero
entregar a los hombres
los dones de la tierra,
porque aprendí luchando
porque es mi deber terrestre
propagar la alegría.
Y cumplo mi destino con mi canto.

ODA A LAS AMÉRICAS

Américas purísimas,
tierras que los océanos
guardaron
intactas y purpúreas,
siglos de colmenares silenciosos,
pirámides, vasijas,
ríos de ensangrentadas mariposas,
volcanes amarillos
y razas de silencio,
formadoras de cántaros,
labradoras de piedra.

Y hoy, Paraguay, turquesa
fluvial, rosa enterrada,
te convertiste en cárcel.
Perú, pecho del mundo,
corona
de las águilas,

existes?
Venezuela, Colombia,
no se oyen
vuestras bocas felices.
Dónde ha partido el coro
de plata matutina?
Sólo los pájaros
de antigua vestidura,
sólo las cataratas
mantienen su diadema.
La cárcel ha extendido
sus barrotes.
En el húmedo reino
del fuego y la esmeralda,
entre
los ríos paternales,
cada día
sube un mandón y con su sable corta
hipoteca y remata tu tesoro.
Se abre la cacería
del hermano.
Suenan tiros perdidos en los puertos.
Llegan de Pennsylvania
los expertos,
los nuevos
conquistadores,
mientras tanto
nuestra sangre
alimenta
las pútridas
plantaciones o minas subterráneas,
los dólares resbalan
y
nuestras locas muchachas
se descaderan aprendiendo el baile
de los orangutanes.
Américas purísimas,
sagrados territorios,
qué tristeza!

Muere un Machado[1] y un Bautista[2] nace.
Permanece un Trujillo[3].
Tanto espacio
de libertad silvestre,
Américas,
tanta
pureza, agua
de océano,
pampas de soledad, vertiginosa
geografía
para que se propaguen los minúsculos
negociantes de sangre.
Qué pasa?
Cómo puede
continuar el silencio
entrecortado
por sanguinarios loros
encaramados en las enramadas
de la codicia panamericana?
Américas heridas
por la más ancha espuma,
por los felices mares
olorosos
a la pimienta de los archipiélagos,
Américas
oscuras,
inclinada
hacia nosotros surge
la estrella de los pueblos,
nacen héroes, se cubren
de victoria
otros caminos,

---

[1] *Gerardo Machado:* 1871-1939. Dictador cubano, derrocado por el levantamiento popular de 1933.

[2] *Bautista* (*sic.* irónicamente): Fulgencio Batista (nacido en 1901). Hombre fuerte de Cuba desde 1933, más tarde dictador. Cae en enero de 1959, gracias al triunfo de la revolución cubana.

[3] *Rafael Leónidas Trujillo:* 1891-1961. Dictador de la República Dominicana desde 1930.

existen otra vez
viejas naciones,
en la luz más radiante
se traspasa el otoño,
el viento se estremece
con las nuevas banderas.
Que tu voz y tus hechos,
América,
se desprendan
de tu cintura verde,
termine
tu amor encarcelado,
restaures el decoro
que te dio nacimiento
y eleves tus espigas sosteniendo
con otros pueblos
la irresistible aurora.

ODA AL AMOR

Amor, hagamos cuentas.
A mi edad
no es posible
engañar o engañarnos.
Fui ladrón de caminos,
tal vez,
no me arrepiento.
Un minuto profundo,
una magnolia rota
por mis dientes
y la luz de la luna
celestina.
Muy bien, pero, el balance?
La soledad mantuvo
su red entretejida
de fríos jazmineros
y entonces

la que llegó a mis brazos
fue la reina rosada
de las islas.
Amor,
con una gota,
aunque caiga
durante toda y toda
la nocturna
primavera
no se forma el océano
y me quedé desnudo,
solitario, esperando,

Pero, he aquí que aquella
que pasó por mis brazos
como una ola,
aquella
que sólo fue un sabor
de fruta vespertina,
de pronto
parpadeó como estrella,
ardió como paloma
y la encontré en mi piel
desenlazándose
como la cabellera de una hoguera.
Amor, desde aquel día
todo fue más sencillo.
Obedecí las órdenes
que mi olvidado corazón me daba
y apreté su cintura
y reclamé su boca
con todo el poderío
de mis besos,
como un rey que arrebata
con un ejército desesperado
una pequeña torre donde crece
la azucena salvaje de su infancia.
Por eso, Amor, yo creo
que enmarañado y duro

78

puede ser tu camino,
pero que vuelves
de tu cacería
y cuando enciendes
otra vez el fuego,
como el pan en la mesa,
así, con sencillez,
debe estar lo que amamos.
Amor, eso me diste.
Cuando por vez primera
ella llegó a mis brazos
pasó como las aguas
en una despeñada primavera.
Hoy
la recojo.
Son angostas mis manos y pequeñas
las cuencas de mis ojos
para que ellas reciban
su tesoro,
la cascada
de interminable luz, el hilo de oro,
el pan de su fragancia
que son sencillamente, Amor, mi vida.

ODA AL ÁTOMO

Pequeñísima
estrella,
parecías
para siempre
enterrada
en el metal: oculto,
tu diabólico
fuego.
Un día
golpearon
en la puerta

minúscula:
era el hombre.
Con una
descarga
te desencadenaron,
viste el mundo,
saliste
por el día,
recorriste
ciudades,
tu gran fulgor llegaba
a iluminar las vidas,
eras
una fruta terrible,
de eléctrica hermosura,
venías
a apresurar las llamas
del estío,
y entonces
llegó
armado
con anteojos de tigre
y armadura,
con camisa cuadrada,
sulfúricos bigotes,
cola de puerco espín,
llegó el guerrero
y te sedujo:
duerme,
te dijo,
enróllate,
átomo, te pareces
a un dios griego,
a una primaveral
modista de París,
acuéstate
en mi uña,
entra en esta cajita,
y entonces

el guerrero
te guardó en su chaleco
como si fueras sólo
píldora
norteamericana,
y viajó por el mundo
dejándote caer
en Hiroshima.

Despertamos.

La aurora
se había consumido.
Todos los pájaros
cayeron calcinados.
Un olor
de ataúd,
gas de las tumbas,
tronó por los espacios.
Subió horrenda
la forma del castigo
sobrehumano,
hongo sangriento, cúpula,
humareda,
espada
del infierno.
Subió quemante el aire
y se esparció la muerte
en ondas paralelas,
alcanzando
a la madre dormida
con su niño,
al pescador del río
y a los peces,
a la panadería
y a los panes,
al ingeniero
y a sus edificios,
todo

fue polvo
que mordía,
aire
asesino.

La ciudad
desmoronó sus últimos alvéolos,
cayó, cayó de pronto,
derribada,
podrida,
los hombres
fueron súbitos leprosos,
tomaban
la mano de sus hijos
y la pequeña mano
se quedaba en sus manos.
Así, de tu refugio,
del secreto
manto de piedra
en que el fuego dormía
te sacaron,
chispa enceguecedora,
luz rabiosa,
a destruir las vidas,
a perseguir lejanas existencias,
bajo el mar,
en el aire,
en las arenas,
en el último
recodo de los puertos,
a borrar
las semillas,
a asesinar los gérmenes,
a impedir la corola,
te destinaron, átomo,
a dejar arrasadas
las naciones,
a convertir el amor en negra pústula,

a quemar amontonados corazones
y aniquilar la sangre.

Oh chispa loca,
vuelve
a tu mortaja,
entiérrate
en tus mantos minerales,
vuelve a ser piedra ciega,
desoye a los bandidos,
colabora
tú, con la vida, con la agricultura,
suplanta los motores,
eleva la energía,
fecunda los planetas.
Ya no tienes
secreto,
camina
entre los hombres
sin máscara
terrible,
apresurando el paso
y extendiendo
los pasos de los frutos,
separando
montañas,
enderezando ríos,
fecundando,
átomo,
desbordada
copa
cósmica,
vuelve
a la paz del racimo,
a la velocidad de la alegría,
vuelve al recinto
de la naturaleza,
ponte a nuestro servicio,
y en vez de las cenizas

mortales
de tu máscara,
en vez de los infiernos desatados
de tu cólera,
en vez de la amenaza
de tu terrible claridad, entréganos
tu sobrecogedora
rebeldía
para los cereales,
tu magnetismo desencadenado
para fundar la paz entre los hombres,
y así no será infierno
tu luz deslumbradora,
sino felicidad,
matutina esperanza,
contribución terrestre.

ODA A LAS AVES DE CHILE

Aves de Chile, de plumaje negro,
nacidas
entre la cordillera y las espumas,
aves hambrientas,
pájaros sombríos,
cernícalos, halcones,
águilas de las islas,
cóndores coronados por la nieve,
pomposos buitres enlutados,
devoradores de carroña,
dictadores del cielo,
aves amargas,
buscadoras de sangre,
nutridas con serpientes,
ladronas,
brujas del monte,
sangrientas
majestades,

84

admiro
vuestro vuelo.
Largo rato interrogo
al espacio extendido
buscando el movimiento
de las alas:
allí estáis,
naves negras
de aterradora altura,
silenciosas estirpes
asesinas,
estrellas sanguinarias.
En la costa
la espuma sube al ala.
Ácida luz
salpica
el vuelo
de las aves marinas,
rozando el agua cruzan
migratorias,
cierran de pronto
el vuelo
y caen como flechas
sobre el volumen verde.

Yo navegué sin tregua
las orillas,
el desdentado litoral, la calle
entre las islas
del océano,
el grande mar Pacífico,
rosa azul de pétalos rabiosos,
y en el Golfo de Penas
el cielo
y el albatros,
la soledad del aire y su medida,
la ola negra del cielo.
Más allá,
sacudido

por olas y por alas,
cormoranes,
gaviotas y piqueros,
el océano vuela,
las abruptas
rocas golpeadas por el mar se mueven
palpitantes de pájaros,
se desborda la luz, el crecimiento,
atraviesa los mares hacia el norte
el vuelo de la vida.

Pero no sólo mares
o tempestuosas
cordilleras andinas
procreadoras
de pájaros terribles,
eres,
oh delicada patria mía:
entre tus brazos verdes se deslizan
las diucas[1] matutinas,
van a misa
vestidas con sus mantos diminutos,
tordos ceremoniales
y metálicos loros,
el minúsculo
siete colores de los pajonales,
el queltehue[2]
que al elevar el vuelo
despliega su abanico
de nieve blanca y negra,

---

[1] *Diuca:* Ave autóctona cantora (*Diuca grisea*). A. Bello la inclu-
ye en una oda «Al 18 de septiembre», con una erudita nota que re-
mite al Abate Molina (véase R. Lenz, «Diccionario etimológico de
las voces chilenas derivadas de lenguas indígenas americanas», anexo
de los *Anales de la Universidad de Chile,* Santiago, Imprenta Cer-
vantes, 1905-1910, pág. 337).
[2] *Queltehue:* Ave zancuda (véase J. M. Yrarrázaval L., *Chile-
nismos,* Santiago, 1945, pág. 241).

el canastero[3] y el matacaballo,
el fringilo dorado,
el jacamar y el huilque[4],
la torcaza,
el chincol[5] y el chirigüe[6],
la tenca[7] cristalina,
el zorzal suave,
el jilguero que danza sobre el hilo
de la música pura,
el cisne austral, nave
de plata
y enlutado terciopelo,
la perdiz olorosa y el relámpago
de los fosforecentes picaflores.

En la suave cintura de mi patria,
entre las monarquías iracundas
del volcán y el océano,
aves de la dulzura,
tocáis el sol, el aire,
sois el temblor de un vuelo en el verano
del agua a mediodía,
rayos de luz violeta en la arboleda,
campanitas redondas,
pequeños aviadores polvorientos
que regresan del polen,
buzos en la espesura de la alfalfa.

---

[3] *Canastero:* Según el Diccionario de la Academia, «ave indígena, que hace su nido en forma de canasto alargado» (Madrid, ed. de 1970, pág. 240, col. c).

[4] *Huilque:* Según el gran gramático del mapuche, A. Febrés: *huilqui,* zorzal. (*Diccionario chileno hispano,* Santiago, Imprenta de los Tribunales, 1846, pág. 30.)

[5] *Chincol:* Pajarito de color gris, semejante al gorrión europeo (véase Academia Chilena, *Diccionario del habla chilena,* Santiago, Editorial Universitaria, 1978. pág. 91).

[6] *Chirigue:* Debe ser chirihue o chirigüe. Según Lenz, «pajarillo fringílido» (cit., pág. 304).

[7] *Tenca:* «Especie de alondra», dice el *Diccionario de la Real Academia Española* (ed. de 1970, pág. 1253, col. a).

Oh vivo vuelo!

Oh viviente hermosura!

Oh multitud del trino!

Aves de Chile, huracanadas
naves carniceras
o dulces y pequeñas
criaturas
de la flor y de las uvas,
vuestros nidos construyen
la fragante unidad del territorio:
vuestras vidas errantes
son el pueblo del cielo
que nos canta,
vuestro vuelo
reúne las estrellas de la patria.

ODA AL CALDILLO DE CONGRIO

En el mar
tormentoso
de Chile
vive el rosado congrio,
gigante anguila
de nevada carne.
Y en las ollas
chilenas,
en la costa,
nació el caldillo
grávido y suculento,
provechoso.
Lleven a la cocina
el congrio desollado,
su piel manchada cede
como un guante

88

y al descubierto queda
entonces
el racimo del mar,
el congrio tierno
reluce
ya desnudo,
preparado
para nuestro apetito.
Ahora
recoges
ajos,
acaricia primero
ese marfil
precioso,
huele
su fragancia iracunda,
entonces
deja el ajo picado
caer con la cebolla
y el tomate
hasta que la cebolla
tenga color de oro.
Mientras tanto
se cuecen
con el vapor
los regios
camarones marinos
y cuando ya llegaron
a su punto,
cuando cuajó el sabor
en una salsa
formada por el jugo
del océano
y por el agua clara
que desprendió la luz de la cebolla,
entonces
que entre el congrio
y se sumerja en gloria,
que en la olla

se aceite,
se contraiga y se impregne.
Ya sólo es necesario
dejar en el manjar
caer la crema
como una rosa espesa,
y al fuego
lentamente
entregar el tesoro
hasta que en el caldillo
se calienten
las esencias de Chile,
y a la mesa
lleguen recién casados
los sabores
del mar y de la tierra
para que en ese plato
tú conozcas el cielo.

ODA A UNA CASTAÑA EN EL SUELO

Del follaje erizado
caíste
completa,
de madera pulida,
de lúcida caoba,
lista
como un violín que acaba
de nacer en la altura,
y cae
ofreciendo sus dones encerrados,
su escondida dulzura,
terminado en secreto
entre pájaros y hojas,
escuela de la forma,
linaje de la leña y de la harina,
instrumento ovalado

que guarda en su estructura
delicia intacta y rosa comestible.
En lo alto abandonaste
el erizado erizo
que entreabrió sus espinas
en la luz del castaño,
por esa partidura
viste el mundo,
pájaros
llenos de sílabas,
rocío
con estrellas,
y abajo
cabezas de muchachos
y muchachas,
hierbas que tiemblan sin reposo,
humo que sube y sube.
Te decidiste,
castaña,
y saltaste a la tierra,
bruñida y preparada,
endurecida y suave
como un pequeño seno
de las islas de América.
Caíste
golpeando
el suelo
pero
nada pasó,
la hierba
siguió temblando, el viejo
castaño susurró como las bocas
de toda una arboleda,
cayó una hoja del otoño rojo,
firme siguieron trabajando
las horas en la tierra.
Porque eres
sólo
una semilla,

castaño, otoño, tierra,
agua, altura, silencio
prepararon el germen,
la harinosa espesura,
los párpados maternos
que abrirán, enterrados,
de nuevo hacia la altura
la magnitud sencilla
de un follaje,
la oscura trama húmeda
de unas nuevas raíces,
las antiguas y nuevas dimensiones
de otro castaño en la tierra.

ODA A LA CEBOLLA

Cebolla,
luminosa redoma,
pétalo a pétalo
se formó tu hermosura,
escamas de cristal te acrecentaron
y en el secreto de la tierra oscura
se redondeó tu vientre de rocío.
Bajo la tierra
fue el milagro
y cuando apareció
tu torpe tallo verde,
y nacieron
tus hojas como espadas en el huerto,
la tierra acumuló su poderío
mostrando tu desnuda transparencia,
y como en Afrodita el mar remoto
duplicó la magnolia
levantando sus senos,
la tierra
así te hizo,
cebolla,

clara como un planeta,
y destinada
a relucir,
constelación constante,
redonda rosa de agua,
sobre
la mesa
de las pobres gentes.

Generosa
deshaces
tu globo de frescura
en la consumación
ferviente de la olla,
y el jirón de cristal
al calor encendido del aceite
se transforma en rizada pluma de oro.

También recordaré cómo fecunda
tu influencia el amor de la ensalada,
y parece que el cielo contribuye
dándote fina forma de granizo
a celebrar tu claridad picada
sobre los hemisferios de un tomate.
Pero al alcance
de las manos del pueblo,
regada con aceite,
espolvoreada
con un poco de sal,
matas el hambre
del jornalero en el duro camino.
Estrella de los pobres,
hada madrina
envuelta
en delicado
papel, sales del suelo,
eterna, intacta, pura
como semilla de astro,
y al cortarte

el cuchillo en la cocina
sube la única lágrima
sin pena.
Nos hiciste llorar sin afligirnos.
Yo cuanto existe celebré, cebolla,
pero para mí eres
más hermosa que un ave
de plumas cegadoras,
eres para mis ojos
globo celeste, copa de platino,
baile inmóvil
de anémona nevada
y vive la fragancia de la tierra
en tu naturaleza cristalina.

ODA A LA CLARIDAD

La tempestad dejó
sobre la hierba
hilos de pino, agujas,
y el sol en la cola del viento.
Un azul dirigido
llena el mundo.

Oh día pleno,
oh fruto
del espacio,
mi cuerpo es una copa
en que la luz y el aire
caen como cascadas.
Toco
el agua marina.
Sabor
de fuego verde,
de beso ancho y amargo
tienen las nuevas olas
de este día.

Tejen su trama de oro
las cigarras
en la altura sonora.
La boca de la vida
besa mi boca.
Vivo,
amo
y soy amado.
Recibo
en mi ser cuanto existe.
Estoy sentado
en una piedra:
en ella
tocan
las aguas y las sílabas
de la selva,
la claridad sombría
del manantial que llega
a visitarme.
Toco
el tronco de cedro
cuyas arrugas me hablan
del tiempo y de la tierra.
Marcho
y voy con los ríos,
cantando
con los ríos,
ancho, fresco y aéreo
en este nuevo día,
y lo recibo,
siento
cómo
entra en mi pecho, mira con mis ojos.

Yo soy,
yo soy el día,
soy
la luz.
Por eso

tengo
deberes de mañana,
trabajos de mediodía.
Debo
andar
con el viento y el agua,
abrir ventanas,
echar abajo puertas,
romper muros,
iluminar rincones.

No puedo
quedarme sentado.
Hasta luego.
Mañana
nos veremos.
Hoy tengo muchas
batallas que vencer.
Hoy tengo muchas sombras
que herir y terminar.
Hoy no puedo
estar contigo, debo
cumplir mi ogligación
de luz:
ir y venir por las calles,
las casas y los hombres
destruyendo
la oscuridad. Yo debo
repartirme
hasta que todo sea día,
hasta que todo sea claridad
y alegría en la tierra.

ODA AL COBRE

El cobre ahí
dormido.
Son los cerros del Norte
desolado.
Desde arriba
las cumbres
del cobre,
cicatrices hurañas,
mantos verdes,
cúpulas carcomidas
por el ímpetu
abrasador del tiempo,
cerca
de nosotros
la mina:
la mina es sólo el hombre,
no sale
de la tierra
el mineral,
sale
del pecho humano,
allí
se toca
el bosque muerto,
las arterias
del volcán
detenido,
se averigua
la veta,
se perfora
y
estalla
la dinamita,
la roca se derrama,
se purifica:
va naciendo

el cobre.
Antes nadie sabrá
diferenciarlo
de la piedra materna.
Ahora
es hombre,
parte del hombre,
pétalo pesado
de su gloria.
Ahora
ya no es verde,
es rojo,
se ha convertido en sangre,
en sangre dura,
en corazón terrible.

Veo
caer los montes,
abrirse
el territorio
en iracundas
cavidades pardas,
el desierto, las casas
transitorias.
El mineral
a fuego
y golpe
y mano
se convirtió en lingotes militares,
en batallones de mercaderías.
Se fueron los navíos.
A donde llegue
el cobre,
utensilio o alambre,
nadie
que lo toque
verá las escarpadas
soledades de Chile,
o las pequeñas casas a la orilla

del desierto,
o los picapedreros orgullosos,
mi pueblo, los mineros
que bajan a la mina.
Yo sufro.
Yo conozco.
Sucede
que de tanta dureza,
de las excavaciones,
herida y explosión, sudor y sangre,
cuando el hombre,
mi pueblo,
Chile,
dominó la materia,
apartó de la piedra
el mineral yacente,
éste se fue a Chicago
de paseo,
el cobre
se convirtió en cadenas,
en maquinaria tétrica
del crimen,
después de tantas luchas
para que mi patria lo pariera,
después de su glorioso,
virginal nacimiento,
lo hicieron ayudante de la muerte,
lo endurecieron y lo designaron
asesino.

Pregunto
a la empinada cordillera,
al desértico
litoral sacudido
por la espuma
del desencadenado mar de Chile:
para eso
el cobre nuestro
dormía

en el útero verde
de la piedra?
Nació para la muerte?
Al hombre
mío,
a mi hermano
de la cumbre erizada,
le pregunto:
para eso
le diste nacimiento entre dolores?
Para que fuera
ciclón amenazante,
tempestuosa desgracia?
Para que demoliera
las vidas
de los pobres,
de otros pobres,
de tu propia familia
que tal vez no conoces
y que está derramada
en todo el mundo?

Es hora
de dar el mineral
a los tractores,
a la fecundidad
de la tierra futura,
a la paz del sonido,
a la herramienta,
a la máquina clara
y a la vida.
Es hora
de dar
la huraña
mano abierta del cobre
a todo ser humano.
Por eso,
cobre,
serás nuestro,

no seguirán jugando
contigo
a los dados
los tahúres
de la carnicería!
De los cerros
abruptos,
de la altura
verde,
saldrá el cobre de Chile,
la cosecha
más dura
de mi pueblo,
la corola
incendiada,
irradiando
la vida
y no la muerte,
propagando la espiga
y no la sangre,
dando a todos los pueblos
nuestro amor
desenterrado,
nuestra montaña verde
que al contacto
de la vida y el viento
se transforma
en corazón sangrante,
en piedra roja.

ODA A LA CRÍTICA

Yo escribí cinco versos:
uno verde,
otro era un pan redondo,
el tercero una casa levantándose,
el cuarto era un anillo,
el quinto verso era
corto como un relámpago
y al escribirlo
me dejó en la razón su quemadura.

Y bien, los hombres,
las mujeres,
vinieron y tomaron
la sencilla materia,
brizna, viento, fulgor, barro, madera
y con tan poca cosa
construyeron
paredes, pisos, sueños.
En una línea de mi poesía
secaron ropa al viento.
Comieron
mis palabras,
las guardaron
junto a la cabecera,
vivieron con un verso,
con la luz que salió de mi costado.
Entonces,
llegó un crítico mudo
y otro lleno de lenguas,
y otros, otros llegaron
ciegos o llenos de ojos,
elegantes algunos
como claveles con zapatos rojos,
otros estrictamente
vestidos de cadáveres,
algunos partidarios

del rey y su elevada monarquía,
otros se habían
enredado en la frente
de Marx y pataleaban en su barba,
otros eran ingleses,
sencillamente ingleses,
y entre todos
se lanzaron
con dientes y cuchillos,
con diccionarios y otras armas negras,
con citas respetables,
se lanzaron
a disputar mi pobre poesía
a las sencillas gentes
que la amaban:
y la hicieron embudos,
la enrollaron,
la sujetaron con cien alfileres,
la cubrieron con polvo de esqueleto,
la llenaron de tinta,
la escupieron con suave
benignidad de gatos,
la destinaron a envolver relojes,
la protegieron y la condenaron,
le arrimaron petróleo,
le dedicaron húmedos tratados,
la cocieron con leche,
le agregaron pequeñas piedrecitas,
fueron borrándole vocales,
fueron matándole
sílabas y suspiros,
la arrugaron e hicieron
un pequeño paquete
que destinaron cuidadosamente
a sus desvanes, a sus cementerios,
luego
se retiraron uno a uno
enfurecidos hasta la locura
porque no fui bastante

popular para ellos
o impregnados de dulce menosprecio
por mi ordinaria falta de tinieblas
se retiraron
todos
y entonces,
otra vez,
junto a mi poesía
volvieron a vivir
mujeres y hombres,
de nuevo
hicieron fuego,
construyeron casas,
comieron pan,
se repartieron la luz
y en el amor unieron
relámpago y anillo.
Y ahora,
perdonadme, señores,
que interrumpa este cuento
que les estoy contando
y me vaya a vivir
para siempre
con la gente sencilla.

ODA A ÁNGEL CRUCHAGA

Ángel, recuerdo
en mi infancia
austral y sacudida
por la lluvia y el viento,
de pronto,
tus alas,
el vuelo
de tu centelleante poesía,
tu túnica
estrellada

que llenaba la noche, los caminos,
con un fulgor fosfórico,
eras
un palpitante río
lleno de peces,
eras
la cola plateada
de una sirena verde
que atravesaba el cielo
de Oeste
a Este,
la forma de la luz
se reunía
en tus alas, y el viento
dejaba caer lluvia y hojas negras
sobre tu vestidura.
Así era
allá lejos,
en mi infancia,
pero tu poesía,
no sólo
paso de muchas alas,
no sólo
piedra errante,
meteoro
vestido de amaranto y azucena,
ha sido y sigue siendo,
sino planta florida,
monumento
de la ternura humana,
azahar
con raíces
en el hombre.
Por eso,
Ángel,
te canto,
te he cantado
como canté todas las cosas puras,
metales,

aguas,
viento!
Todo lo que es lección para las vidas,
crecimiento
de dureza o dulzura,
como es tu poesía, el infinito
pan impregnado en llanto
de tu pasión, las nobles
maderas olorosas
que tus divinas manos elaboran.
Ángel,
tú, propietario
de los más extendidos jazmineros,
permite que tu hermano
menor deje en tu pecho
esta rama con lluvias
y raíces.
Yo la dejo en tu libro
para que así se impregne
de paz, de transparencia y de hermosura,
viviendo en la corola
de tu naturaleza diamantina.

ODA AL DÍA FELIZ

Esta vez dejadme
ser feliz,
nada ha pasado a nadie,
no estoy en parte alguna,
sucede solamente
que soy feliz
por los cuatro costados
del corazón, andando,
durmiendo o escribiendo.
Qué voy a hacerle, soy
feliz,
soy más innumerable

que el pasto
en las praderas,
siento la piel como un árbol rugoso
y el agua abajo,
los pájaros arriba,
el mar como un anillo
en mi cintura,
hecha de pan y piedra la tierra
el aire canta como una guitarra.

Tú a mi lado en la arena
eres arena,
tú cantas y eres canto,
el mundo
es hoy mi alma,
canto y arena,
el mundo
es hoy tu boca,
dejadme
en tu boca y en la arena
ser feliz,
ser feliz porque sí, porque respiro
y porque tú respiras,
ser feliz porque toco
tu rodilla
y es como si tocara
la piel azul del cielo
y su frescura.

Hoy dejadme
a mí solo
ser feliz,
con todos o sin todos,
ser feliz
con el pasto
y la arena,
ser feliz
con el aire y la tierra,
ser feliz,

contigo, con tu boca,
ser feliz.

ODA AL EDIFICIO

Socavando
en un sitio,
golpeando
en una punta,
extendiendo y puliendo
sube la llamarada construida,
la edificada altura
que creció para el hombre.

Oh alegría
del equilibrio y de las proporciones.
Oh peso utilizado
de huraños materiales,
desarrollo del lodo
a las columnas,
esplendor de abanico
en las escalas.
De cuántos sitios
diseminados en la geografía
aquí bajo la luz vino a elevarse
la unidad vencedora.

La roca fragmentó su poderío,
se adelgazó el acero, el cobre vino
a mezclar su salud con la madera
y ésta, recién llegada de los bosques,
endureció su grávida fragancia.
Cemento, hermano oscuro,
tu pasta los reúne,
tu arena derramada
aprieta, enrolla, sube
venciendo piso a piso.

El hombre pequeñito
taladra,
sube y baja.
Dónde está el individuo?
Es un martillo, un golpe
de acero en el acero,
un punto del sistema
y su razón se suma
al ámbito que crece.
Debió dejar caídos
sus pequeños orgullos
y elevar con los hombres una cúpula,
erigir entre todos
el orden
y compartir la sencillez metálica
de las inexorables estructuras.
Pero
todo sale del hombre.
A su llamado
acuden piedras y se elevan muros,
entra la luz a las salas,
el espacio se corta y se reparte.

El hombre
separará la luz de las tinieblas
y así
como venció su orgullo vano
e implantó su sistema
para que se elevara el edificio
seguirá construyendo
la rosa colectiva,
reunirá en la tierra
el material huraño de la dicha
y con razón y acero
irá creciendo
el edificio de todos los hombres.

ODA A LA ENERGIA

En el carbón tu planta
de hojas negras
parecía dormida,
luego
excavada
anduvo,
surgió,
fue
lengua loca
de fuego
y vivió adentro
de la locomotora
o de la nave,
rosa roja escondida,
víscera del acero,
tú que de los secretos
corredores
oscuros
recién llegada, ciega,
te entregabas
y motores
y ruedas,
maquinarias,
movimiento,
luz y palpitaciones,
sonidos,
de ti, energía,
de ti, madre energía,
fueron naciendo,
a golpes
los pariste,
quemaste los fogones
y las manos
del azul fogonero,
derribaste distancias
aullando adentro

110

de tu jaula
y hasta donde tú fuiste
devorándote,
donde alcanzó tu fuego,
llegaron los racimos,
crecieron
las ventanas,
las páginas se unieron como plumas
y volaron las alas de los libros:
nacieron hombres y cayeron árboles,
fecunda fue la tierra.
Energía, en la uva
eres redonda gota
de azúcar enlutado,
transparente
planeta,
llama líquida, esfera
de frenética púrpura
y aun multiplicado
grano de especie,
germen del trigo,
estrella cereal, piedra viviente
de imán o acero, torre
de los hilos eléctricos,
aguas en movimiento,
concentrada
paloma
sigilosa
de la energía, fondo
de los seres, te elevas
en la sangre del niño,
creces como una planta que florece en sus ojos,
endureces sus manos
golpeándolo, extendiéndolo
hasta que se hace hombre.

Fuego que corre y canta,
agua que crea,
crecimiento,

transforma nuestra vida,
saca
pan de las piedras,
oro del cielo,
ciudades del desierto,
danos,
energía,
lo que guardas,
extiende tus dones de fuego
allá
sobre la estepa,
fragua la fruta, enciende
el tesoro del trigo,
rompe la tierra, aplana
montes, extiende
las nuevas
fecundaciones
por la tierra
para que desde entonces,
desde allí,
desde donde
cambió la vida,
ahora
cambie la tierra,
toda
la tierra,
las islas,
el desierto
y cambie el hombre.

Entonces, oh energía,
espada ígnea,
no serás
enemiga,
flor y fruto completo
será tu dominada
cabellera,
tu fuego
será paz, estructura,

fecundidad, paloma,
extensión de racimos,
praderas de pan fresco.

ODA A LA ENVIDIA

Yo vine
del Sur, de la Frontera.
La vida era lluviosa.
Cuando llegué a Santiago
me costó mucho
cambiar de traje.
Yo venía vestido
de riguroso invierno.
Flores de la intemperie
me cubrían.
Me desangré mudándome
de casa.
Todo estaba repleto,
hasta el aire tenía
olor a gente triste.
En las pensiones
se caía el papel
de las paredes.
Escribí, escribí sólo
para no morirme.
Y entonces
apenas
mis versos de muchacho
desterrado
ardieron
en la calle
me ladró Teodorico
y me mordió Ruibarbo.
Yo me hundí
en el abismo
de las casas más pobres,

debajo de la cama,
en la cocina,
adentro del armario,
donde nadie pudiera examinarme,
escribí, escribí sólo
para no morirme.

Todo fue igual. Se irguieron
amenazantes
contra mi poesía,
con ganchos, con cuchillos,
con alicates negros.

Crucé entonces
los mares
en el horror del clima
que susurraba fiebre con los ríos,
rodeado de violentos
azafranes y dioses,
me perdí en el tumulto
de los tambores negros,
en las emanaciones
del crepúsculo,
me sepulté y entonces
escribí, escribí sólo
para no morirme.

Yo vivía tan lejos, era grave
mi total abandono,
pero aquí los caimanes
afilaban
sus dentelladas verdes.

Regresé de mis viajes.
Besé a todos,
las mujeres, los hombres
y los niños.
Tuve partido, patria.
Tuve estrella.

114

Se colgó de mi brazo
la alegría.
Entonces en la noche,
en el invierno,
en los trenes, en medio
del combate,
junto al mar o las minas,
en el desierto o junto
a la que amaba
o acosado, buscándome
la policía,
hice sencillos versos
para todos los hombres
y para no morirme.

Y ahora
otra vez ahí están.
Son insistentes
como los gusanos,
son invisibles
como los ratones
de un navío,
van navegando
donde yo navego,
me descuido y me muerden
los zapatos,
existen porque existo.
Qué puedo hacer?
Yo creo
que seguiré cantando
hasta morirme.
No puedo en este punto
hacerles concesiones.
Puedo, si lo desean,
regalarles
una paquetería,
comprarles un paraguas
para que se protejan
de la lluvia inclemente

que conmigo llegó de la Frontera,
puedo enseñarles a andar a caballo,
o darles por lo menos
la cola de mi perro,
pero quiero que entiendan
que no puedo
amarrarme la boca
para que ellos
sustituyan mi canto.
No es posible.
No puedo.
Con amor o tristeza,
de madrugada fría,
a las tres de la tarde,
o en la noche,
a toda hora,
furioso, enamorado,
en tren, en primavera,
a oscuras o saliendo
de una boda,
atravesando el bosque
o en la oficina,
a las tres de la tarde
o en la noche,
a toda hora,
escribiré no sólo
para no morirme,
sino para ayudar
a que otros vivan,
porque parece que alguien
necesita mi canto.
Seré,
seré implacable.
Yo les pido que sostengan
sin tregua el estandarte
de la envidia.
Me acostumbré a sus dientes.
Me hacen falta.
Pero quiero decirles

que es verdad:
me moriré algún día
(no dejaré de darles
esa satisfacción postrera),
no hay duda,
pero
me moriré cantando.
Y estoy casi seguro,
aunque no les agrade esta noticia,
que seguirá
mi canto
más acá de la muerte,
en medio
de mi patria,
será mi voz, la voz
del fuego o de la lluvia
o la voz de otros hombres,
porque con lluvia o fuego quedó escrito
que la simple
poesía
vive
a pesar de todo,
tiene una eternidad que no se asusta
tiene tanta salud
como una ordeñadora
y en su sonrisa tanta dentadura
como para arruinar las esperanzas
de todos los reunidos
roedores.

PABLO NERUDA.

Autorretrato en una carta de 1924.

117

ODA A LA ESPERANZA

Crepúsculo marino,
en medio
de mi vida,
las olas como uvas,
la soledad del cielo,
me llenas
y desbordas,
todo el mar,
todo el cielo,
movimiento
y espacio,
los batallones blancos
de la espuma,
la tierra anaranjada,
la cintura
incendiada
del sol en agonía,
tantos
dones y dones,
aves
que acuden a sus sueños,
y el mar, el mar,
aroma
suspendido,
coro de sal sonora,
mientras tanto,
nosotros,
los hombres,
junto al agua,
luchando
y esperando
junto al mar,
esperando.

Las olas dicen a la costa firme:
«Todo será cumplido.»

ODA A LA FERTILIDAD DE LA TIERRA

A ti, fertilidad, entraña
verde,
madre materia, vegetal tesoro,
fecundación, aumento,
yo canto,
yo, poeta,
yo, hierba,
raíz, grano, corola,
sílaba de la tierra,
yo agrego mis palabras a las hojas,
yo subo a las ramas y al cielo.
Inquietas
son
las semillas,
sólo parecen
dormidas.
Las besa el fuego, el agua
las toca con su cinta
y se agitan,
largamente se mueven,
se interrogan,
abajo lanzan ojos,
encrespadas volutas,
tiernas derivaciones,
movimiento, existencia.
Hay que ver un granero
colmado,
allí todo reposa
pero los fuegos
de la vida,
los fermentos
llaman,
fermentan,
arden
con hilos invisibles.
Uno siente en los ojos

y en los dedos
la presión, la paciencia,
el trabajo
de gérmenes y bocas,
de labios y matrices.
El viento lleva ovarios.
La tierra entierra rosas.
El agua brota y busca.
El fuego hierve y canta.
Todo
nace.
Y eres,
fertilidad, una campana,
bajo tu círculo
la humedad y el silencio desarrollan
sus lenguas de verdura,
sube la savia,
estalla
la forma de la planta,
crece
la línea de la vida
y en su extremo se agrupan
la flor y los racimos.
Tierra, la primavera
se elabora en mi sangre,
siento
como si fuera
árbol, territorio,
cumplirse en mí los ciclos
de la tierra,
agua, viento y aroma
fabrican mi camisa,
en mi pecho terrones
que allí olvidó el otoño
comienzan a moverse,
salgo y silbo en la lluvia,
germina el fuego en mis manos,
y entonces
enarbolo

una bandera verde
que me sale del alma,
soy semilla, follaje,
encino que madura,
y entonces todo el día,
toda la noche canto,
sube de las raíces el susurro,
canta en el viento la hoja.
Fertilidad, te olvido.
Dejé tu nombre escrito
con la primera sílaba
de este canto,
eres tú más extensa,
más húmeda y sonora,
no puedo describirte,
ven a mí,
fertilízame,
dame sabor de fruto cada día,
dame
la secreta
tenacidad de las raíces,
y deja que mi canto
caiga en la tierra y suban
en cada primavera sus palabras.

ODA A LA FLOR

Flores
de pobre
en las
ventanas
pobres,
pétalos
de sol pobre
en las desmoronadas
casas de la pobreza.

Yo veo cómo
la flor, su cabellera,
su satinado pecho,
su apostura
relucen en la tienda.
Veo
cómo de allí el color, la luz de seda,
la torre de turgencia,
el ramo de oro,
el pétalo violeta de la aurora,
el pezón encendido de la rosa,
vestidos y desnudos
se preparan
para entrar a la casa de los ricos.

La geografía desbordó sus dones,
el océano
se transformó en camino,
la tierra entremezcló sus latitudes
y así la flor remota
navegó con su fuego,
y así llegó a tu puerta,
desde donde una mano presurosa
la retiró: «Tú no eres
flor de pobre, le dijo,
a ti te toca, flor,
brillar en medio
de la sala encerada,
no te metas en esa calle oscura,
incorpórate
a nuestro monopolio de alegría.»

Y así voy por las calles
mirando las ventanas
donde el carmín[1] caído
de un geranio
canta allí, en medio de las pobres vidas,

---

[1] En la edición de 1954, *carcín,* obvia errata por carmín que co-
rregimos.

donde un clavel eleva
su flecha de papel y de perfume
junto a los vidrios rotos,
o donde una azucena
dejó su monasterio
y se vino a vivir con la pobreza.

Oh flor, no te condeno,
flor alta de encrespada investidura,
no te niego el derecho
de llevar el relámpago
que la tierra elevó con tu hermosura,
hasta la casa de los ricos.
Yo estoy seguro
que mañana
florecerás en todas
las moradas del hombre.
No tendrás miedo de la calle oscura,
ni habrá sobre la tierra
guarida tenebrosa
donde no pueda entrar la primavera.

Flor, no te culpo, estoy seguro de esto
que te digo
y para que florezcas donde debes
florecer, en todas las ventanas,
flor,
yo lucho
y canto desde ahora, como canto,
en forma tan sencilla,
para todos,
porque yo distribuyo
las flores de mañana.

ODA A LA FLOR AZUL

Caminando hacia el mar
en la pradera
—es hoy noviembre—
todo ha nacido ya,
todo tiene estatura,
ondulación, fragancia.
Hierba a hierba
entenderé la tierra,
paso a paso
hasta la línea loca
del océano.
De pronto una ola
de aire agita y ondula
la cebada salvaje:
salta
el vuelo de un pájaro
desde mis pies, el suelo
lleno de hilos de oro,
de pétalos sin nombre,
brilla de pronto como rosa verde,
se enreda con ortigas que revelan
su coral enemigo,
esbeltos tallos, zarzas
estrelladas,
diferencia infinita
de cada vegetal que me saluda
a voces con un rápido
centelleo de espinas
o con la pulsación de su perfume
fresco, fino y amargo.
Andando a las espumas
del Pacífico
con torpe paso por la baja hierba
de la primavera escondida,
parece
que antes de que la tierra se termine

cien metros antes del más grande océano
todo se hizo delirio,
germinación y canto.
Las minúsculas hierbas
se coronaron de oro,
las plantas de la arena
dieron rayos morados
y a cada pequeña hoja de olvido
llegó una dirección de luna o fuego.
Cerca del mar, andando,
en el mes de noviembre,
entre los matorrales que reciben
luz, fuego y sal marinas
hallé una flor azul
nacida en la durísima pradera.
De dónde, de qué fondo
tu rayo azul extraes?
Tu seda temblorosa
debajo de la tierra
se comunica con el mar profundo?
La levanté en mis manos
y la miré como si el mar viniera
en una sola gota,
como si en el combate
de la tierra y las aguas
una flor levantara
un pequeño estandarte
de fuego azul, de paz irresistible,
de indómita pureza.

ODA AL FUEGO

Descabellado fuego,
enérgico,
ciego y lleno de ojos,
deslenguado,
tardío, repentino,
estrella de oro,
ladrón de leña,
callado bandolero,
cocedor de cebollas,
célebre pícaro de las chispitas,
perro rabioso de un millón de dientes,
óyeme,
centro de los hogares,
rosal incorruptible,
destructor de las vidas,
celeste padre del pan y del horno,
progenitor ilustre
de ruedas y herraduras,
polen de los metales,
fundador del acero,
óyeme,
fuego.

Arde tu nombre,
da gusto
decir fuego,
es mejor
que decir piedra
o harina.
Las palabras son muertas
junto a tu rayo amarillo,
junto a tu cola roja,
junto a tus crines de luz amaranto,
son frías las palabras.
Se dice fuego,
fuego, fuego, fuego,

y se enciende
algo en la boca:
es tu fruta que quema,
es tu laurel que arde.

Pero sólo palabra
no eres,
aunque toda palabra
si no tiene
brasa
se desprende y se cae
del árbol del tiempo.
Tú eres
flor,
vuelo,
consumación, abrazo,
inasible sustancia,
destrucción y violencia,
sigilo, tempestuosa
ala de muerte y vida,
creación y ceniza,
centella deslumbrante,
espada llena de ojos,
poderío,
otoño, estío súbitos,
trueno seco de pólvora,
derrumbe de los montes,
río de humo,
oscuridad, silencio.

Dónde estás, qué te hiciste?
Sólo el polvo impalpable
recuerda tus hogueras,
y en las manos la huella
de flor o quemadura.
Al fin te encuentro
en mi papel vacío,
y me obligo a cantarte,
fuego,

ahora
frente a mí,
tranquilo
quédate mientras busco
la ira en los rincones,
o la cámara
con relámpagos negros
para fotografiarte.

Al fin estás
conmigo
no para destruirme,
ni para usarte
en encender la pipa,
sino para tocarte,
alisarte
la cabellera, todos
tus hilos peligrosos,
pulirte un poco, herirte,
para que conmigo
te atrevas,
toro escarlata.
Atrévete,
quémame
ahora,
entra
en mi canto,
sube
por mis venas,
sal
por mi boca.

Ahora
sabes
que no puedes
conmigo:
yo te convierto en canto,
yo te subo y te bajo,
te aprisiono en mis sílabas,

te encadeno, te pongo
como si fueras
a silbar,
a derramarte en trinos,
como si fueras
un canario enjaulado

No me vengas
con tu famosa túnica
de ave de los infiernos.
Aquí
estás condenado
a vida y muerte.
Si me callo
te apagas.
Si canto
te derramas
y me darás la luz que necesito.

De todos
mis amigos,
de todos
mis enemigos,
eres
el difícil.
Todos
te llevan amarrado,
demonio de bolsillo,
huracán escondido
en cajas y decretos.
Yo no.
Yo te llevo a mi lado
y te digo:
es hora
de que me muestres
lo que sabes hacer.
Ábrete, suéltate
el pelo
enmarañado,

sube y quema
las alturas del cielo.

Muéstrame
tu cuerpo
verde y anaranjado,
levanta
tus banderas,
arde
encima del mundo
o junto a mí, sereno
como un pobre topacio,
mírame y duerme.
Sube las escaleras
con tu pie numeroso.
Acéchame,
vive,
para dejarte escrito,
para que cantes
con mis palabras
a tu manera,
ardiendo.

ODA A GUATEMALA

Guatemala,
hoy
te
canto.

Sin razón,
sin objeto,
esta mañana
amaneció
tu nombre
enredado
en mi boca,

verde rocío,
frescura matutina,
recordé
las lianas
que atan
con su cordel silvestre
el tesoro sagrado
de tu selva.

Recordé en las alturas
los cauces invisibles
de tus aguas,
sonora
turbulencia secreta,
corolas amarradas
al follaje,
un ave
como súbito zafiro,
el cielo desbordado,
lleno como una copa
de paz y transparencia.
Arriba
un lago
con un nombre de piedra.
Amatitlán[1] se llama.
Aguas, aguas del cielo
lo llenaron,
aguas, aguas de estrellas
se juntaron
en la profundidad aterradora
de su esmeralda oscura.
En sus márgenes
las tribus
del Mayab[2]
sobreviven.

---

[1] *Lago Amatitlán:* Uno de los dos grandes lagos de las regiones altas de Guatemala, situado en el Departamento de Guatemala. El otro es el Atitlán.

[2] *Mayab:* Otro nombre para el complejo cultural maya.

Tiernos, tiernos
idólatras
de la miel, secretarios
de los astros,
vencidos
vencedores
del más antiguo enigma.

Hermoso es ver
el vestido esplendor
de sus aldeas,
ellos se atrevieron
a continuar llevando
resplandecientes túnicas,
bordados amarillos,
calzones escarlatas,
colores
de la aurora.

Antaño,
los soldados
de Castilla enlutada
sepultaron América,
y el hombre
americano
hasta ahora
se pone la levita
del notario extremeño,
la sotana
de Loyola.
España
inquisitiva,
purgatoria,
enfundó los sonidos
y colores,
las estirpes de América,
el polen, la alegría,
y nos dejó su traje
de salmantino luto,

132

su armadura
de trapo inexorable.

El color sumergido
sólo en ti sobrevive,
sobreviven, radiosos,
los plumajes,
sobrevive
tu frescura de cántaro,
profunda
Guatemala,
no te enterró la ola
sucesiva
de la muerte,
las invasoras alas
extranjeras,
los paños funerarios
no lograron
ahogar tu corola
de flor resplandeciente.

Yo vi en Quetzaltenango[3]
la muchedumbre
fértil
del mercado,
los cestos
con el amor trenzados,
con antiguos
dolores,
las telas
de color turbulento,
raza roja,
cabezas de vasija,
perfiles
de metálica azucena,
graves miradas, blancas
sonrisas como vuelos

---

[3] *Quetzaltenango:* Ciudad del oeste de Guatemala, situada en la zona de influencia quiché.

de garzas en el río,
pies de color de cobre,
gentes
de la tierra,
indios
dignos como
monarcas de baraja.

Tanto
humo cayó
sobre sus rostros, tanto
silencio
que no hablaron
sino con el maíz, con el tabaco,
con el agua,
estuvieron
amenazados por la tiranía
hasta en sus erizados territorios,
o en la costa
por invasores norteamericanos
que arrasaron la tierra,
llevándose los frutos.

Y ahora
Arévalo elevaba
un puñado de tierra
para ellos,
sólo un puñado
de polvo germinal, y es eso,
sólo eso, Guatemala,
un minúsculo
y fragante
fragmento de la tierra,
unas cuantas semillas
para sus pobres gentes,
un arado
para los campesinos.
Y por eso

cuando Arbenz[4]
decidió la justicia,
y con la tierra repartió fusiles,
cuando los
cafeteros
feudales
y los aventureros de Chicago
encontraron
en la casa de gobierno
no un títere despótico,
sino un hombre,
entonces
fue la furia,
se llenaron los periódicos
de comunicados:
ardía Guatemala.
Guatemala no ardía.
Arriba el lago
Amatitlán quieto como mirada
de los siglos,
hacia el sol y la luna relucía,
el río Dulce
acarreaba
sus aguas primordiales,
sus peces y sus pájaros,
su selva,
su latido
desde el aroma original de América,
los pinos en la altura
murmuraban,
y el pueblo simple
como arena o harina
pudo, por vez primera,
cara a cara
conocer la esperanza.

---

[4] *Jacobo Arbenz:* Presidente de Guatemala, iniciador de una refor-
ma democrática burguesa en el país. Fue derrocado en 1954 por la in-
vasión de Castillo Armas, que contó con el apoyo del Departamento
de Estado norteamericano.

Guatemala,
hoy te canto,
hoy a las desventuras del pasado
y a tu esperanza canto.
A tu belleza canto.
Pero quiero
que mi amor te defienda.
Yo conozco
a los que te preparan una tumba
como la que cavaron a Sandino[5].
Los conozco. No esperes
piedad de los verdugos.
Hoy se preparan
matando pescadores,
asesinando peces de las islas.

Son implacables. Pero
tú, Guatemala, eres
un puño y un puñado
de polvo americano con semillas,
un pequeño puñado
de esperanza.
Defiéndelo, defiéndenos,
nosotros
hoy sólo con mi canto,
mañana con mi pueblo y con mi canto
acudiremos
a decirte «aquí estamos»,
pequeña hermana,
corazón caluroso,
aquí estamos dispuestos
a desangrarnos
para defenderte,
porque en la hora oscura
tú fuiste

---

[5] *Augusto César Sandino* (1895-1934): Patriota y revolucionario nicaragüense. En 1927 comienza su guerra de guerrilla contra el invasor norteamericano. Fue asesinado el 22 de febrero de 1934 por órdenes de Somoza.

el honor, el orgullo
la dignidad de América.

ODA AL HILO

Éste es el hilo
de la poesía.
Los hechos como ovejas
van cargados
de lana
negra
o blanca.
Llámalos y vendrán
prodigiosos rebaños,
héroes y minerales,
la rosa del amor,
la voz del fuego,
todo vendrá a tu lado.
Tienes a tu merced
una montaña,
si te pones
a cruzarla a caballo
te crecerá la barba,
dormirás en el suelo,
tendrás hambre
y en la montaña todo
será sombra.
No lo puedes hacer,
tienes que hilarla,
levanta un hilo,
súbelo:
interminable y puro
de tantos sitios sale,
de la nieve,
del hombre,
es duro porque todos
los metales lo hicieron,

es frágil porque el humo
lo dibujó temblando,
así es el hilo
de la poesía.
No tienes
que enredarlo de nuevo,
volverlo a confundir
con el tiempo y la tierra.
Al contrario,
es tu cuerda,
colócalo en tu cítara
y hablará con la boca
de los montes sonoros,
trénzalo
y será enredadera
de navío,
desarróllalo,
cárgalo de mensajes,
electrízalo,
entrégalo
al viento, a la intemperie,
que de nuevo, ordenado,
en una larga línea
envuelva al mundo,
o bien, enhébralo,
fino, fino,
sin descuidar el manto
de las hadas.

Necesitamos mantas
para todo el invierno.
Ahí vienen
los campesinos,
traen
para el poeta
una gallina, sólo
una pobre gallina.
Qué vas a darles tú,
qué vas a darles?

Ahora,
ahora,
el hilo,
el hilo
que se irá haciendo ropa
para los que no tienen
sino harapos,
redes
para los pescadores,
camisas
de color
escarlata
para los fogoneros
y una bandera
para todos.
Entre los hombres,
entre sus dolores
pesados como piedras,
entre sus victorias
aladas como abejas,
allí está el hilo
en medio
de lo que está pasando
y lo que viene,
abajo
entre carbones,
arriba
en la miseria,
con los hombres,
contigo,
con tu pueblo,
el hilo,
el hilo
de la poesía.
No se trata
de consideraciones:
son órdenes,
te ordeno,
con la cítara al brazo,

acompáñame.
Hay muchos
oídos esperando,
hay
un terrible
corazón enterrado,
es nuestra
familia, nuestro pueblo.
Al hilo!
Al hilo!
A sacarlo
de la montaña oscura!
A transmitir relámpagos!
A escribir la bandera!
Así es el hilo
de la poesía,
simple, sagrado, eléctrico,
fragante y necesario
y no termina en nuestras pobres manos:
lo revive la luz de cada día.

ODA AL HOMBRE SENCILLO

Voy a contarte en secreto
quién soy yo,
así, en voz alta,
me dirás quién eres,
quiero saber quién eres,
cuánto ganas,
en qué taller trabajas,
en qué mina,
en qué farmacia,
tengo una obligación terrible
y es saberlo,
saberlo todo,
día y noche saber
cómo te llamas,

ése es mi oficio,
conocer una vida
no es bastante
ni conocer todas las vidas
es necesario,
verás,
hay que desentrañar,
rascar a fondo
y como en una tela
las líneas ocultaron,
con el color, la trama
del tejido,
yo borro los colores
y busco hasta encontrar
el tejido profundo,
así también encuentro
la unidad de los hombres,
y en el pan
busco
más allá de la forma:
me gusta el pan, lo muerdo,
y entonces
veo el trigo,
los trigales tempranos,
la verde forma de la primavera,
las raíces, el agua,
por eso
más allá del pan,
veo la tierra,
la unidad de la tierra,
el agua,
el hombre,
y así todo lo pruebo
buscándote
en todo.
Ando, nado, navego
hasta encontrarte,
y entonces te pregunto
cómo te llamas,

calle y número,
para que tú recibas
mis cartas,
para que yo te diga
quién soy y cuánto gano,
dónde vivo,
y cómo era mi padre.
Ves tú qué simple soy,
qué simple eres,
no se trata
de nada complicado,
yo trabajo contigo,
tú vives, vas y vienes
de un lado a otro,
es muy sencillo:
eres la vida,
eres tan transparente
como el agua,
y así soy yo,
mi obligación es ésa:
ser transparente,
cada día
me educo,
cada día me peino
pensando cómo piensas,
y ando
como tú andas,
como, como tú comes,
tengo en mis brazos a mi amor
como a tu novia tú,
y entonces
cuando esto está probado,
cuando somos iguales
escribo,
escribo con tu vida y con la mía,
con tu amor y los míos,
con todos tus dolores
y entonces
ya somos diferentes

porque, mi mano en tu hombro,
como viejos amigos
te digo en las orejas:
no sufras,
ya llega el día,
ven,
ven conmigo,
ven
con todos
los que a ti se parecen,
los más sencillos,
ven,
no sufras,
ven conmigo,
porque aunque no lo sepas,
eso yo sí lo sé:
yo sé hacia dónde vamos,
y es ésta la palabra:
no sufras
porque ganaremos,
ganaremos nosotros,
los más sencillos,
ganaremos,
aunque tú no lo creas,
ganaremos.

ODA A LA INTRANQUILIDAD

Madre intranquilidad, bebí en tus senos
electrizada leche,
acción severa!
No me enseñó la luna
el movimiento.
Es la intranquilidad la que sostiene
el estático vuelo
de la nave,

143

la sacudida del motor decide
la suavidad del ala
y la miel dormiría en la corola
sin la inquietud insigne de la abeja.
Yo no quiero escaparme
a soledad ninguna.
Yo no quiero
que mis palabras aten a los hombres.
Yo no quiero
mar sin marea, poesía
sin hombre,
pintura
deshabitada, música
sin viento!
Intranquila es la noche
y su hermosura,
todo palpita bajo
sus banderas
y el sol
es encendido movimiento,
ráfaga de alegría!
Se pudren en la charca
las estrellas,
y canta en la cascada
la pureza!
La razón intranquila
inauguró los mares,
y del desorden hizo
nacer el edificio.
No es inmutable
la ciudad, ni tu vida
adquirió la materia de la muerte.
Viajero, ven conmigo.
Daremos
magnitud a los dones de la tierra.
Cambiaremos la espiga.
Llevaremos la luz al más remoto
corazón castigado.
Yo creo

que bajo la intranquila primavera
la claridad
del fruto
se consume,
se extiende
el desarrollo del aroma,
combate el movimiento con la muerte.
Y así llega a tu boca la dulzura
de los frutos gloriosos,
la victoria
de la luz intranquila
que levanta los labios de la tierra.

ODA AL INVIERNO

Invierno, hay algo
entre nosotros,
cerros bajo la lluvia,
galopes
en el viento,
ventanas
donde se acumuló tu vestidura,
tu camisa de fierro,
tu pantalón mojado,
tu cinturón de cuero transparente.
Invierno,
para otros
eres bruma
en los malecones,
clámide clamorosa,
rosa blanca,
corola de la nieve,
para mí, Invierno,
eres
un caballo,
niebla te sube del hocico,

gotas de lluvia caen
de tu cola,
electrizadas ráfagas
son tus crines,
galopas
interminablemente
salpicando de lodo
al transeúnte,
miramos
y has pasado,
no te vemos la cara,
no sabemos
si son de agua de mar
o cordillera
tus ojos, has pasado
como la cabellera
de un relámpago,
no quedó indemne un árbol,
las hojas
se reunieron
en la tierra,
los nidos
quedaron como harapos
en la altura,
mientras tú galopabas
en la luz moribunda del planeta.

Pero eres frío, Invierno,
y tus racimos
de nieve negra y agua
en el tejado
atraviesan
las casas
como agujas,
hieren
como cuchillos oxidados.
Nada
te detiene.
Comienzan

146

los ataques de tos, salen los niños
con zapatos mojados,
en las camas la fiebre
es como
la vela de un navío
navegando a la muerte,
la ciudad de los pobres
que se quema,
la mina
resbalosa,
el combate del viento.

Desde entonces,
Invierno, yo conozco
tu agujereada ropa
y el silbato
de tu bocina entre las araucarias
cuando clamas
y lloras,
racha en la lluvia loca,
trueno desenrollado
o corazón de nieve.

El hombre
se agigantó en la arena,
se cubrió de intemperie,
la sal y el sol vistieron
con seda salpicada
el cuerpo de la nueva nadadora.
Pero
cuando viene el invierno
el hombre
se hace un pequeño ovillo
que camina
con mortuorio paraguas,
se cubre
de alas impermeables,
se humedece
y se ablanda

como una miga, acude
a las iglesias,
o lee tonterías enlutadas.
Mientras tanto,
arriba,
entre los robles,
en la cabeza de los ventisqueros,
en la costa,
tú reinas
con tu espada,
con tu violín helado,
con las plumas que caen
de tu pecho indomable.

Algún día
nos reconoceremos,
cuando
la magnitud
de tu belleza
no caiga
sobre el hombre,
cuando
ya no perfores
el techo
de mi hermano,
cuando
pueda acudir a la más alta
blancura de tu espacio
sin que puedas morderme,
pasaré saludando
tu monarquía desencadenada.
Me sacaré el sombrero
bajo la misma lluvia
de mi infancia
porque estaré seguro
de tus aguas:
ellas llevan el mundo,
se llevan los papeles,
trituran la pequeña

suciedad de los días,
lavan,
lavan tus aguas
el rostro de la tierra
y bajan hasta el fondo
donde
la primavera
duerme.
Tú la estremeces, hieres
sus piernas transparentes,
la despiertas, la mojas,
comienza a trabajar,
barre las hojas muertas,
reúne su fragante
mercancía,
sube las escaleras
de los árboles
y de pronto la vemos
en la altura
con su nuevo vestido
y sus antiguos ojos
verdes.

ODA AL LABORATORISTA

Hay un hombre
escondido,
mira
con un solo ojo
de cíclope eficiente,
son minúsculas cosas,
sangre,
gotas de agua,
mira
y escribe o cuenta,
allí en la gota
circula el universo,

la vía láctea tiembla
como un pequeño río,
mira
el hombre
y anota,
en la sangre
mínimos puntos rojos,
movedizos
planetas
o invasiones
de fabulosos regimientos blancos,
el hombre
con su ojo
anota,
escribe
allí encerrado
el volcán de la vida,
la esperma
con su titilación de firmamento,
cómo aparece
el rápido tesoro
tembloroso,
las semillitas de hombre,
luego
en su círculo pálido
una gota
de orina
muestra países de ámbar
o en tu carne
montañas de amatista,
temblorosas praderas,
constelaciones verdes,
pero
él anota, escribe,
descubre
una amenaza,
un punto
dividido,
un nimbo negro,

lo identifica, encuentra
su prontuario,
ya no puede escaparse,
pronto
en tu cuerpo será la cacería,
la batalla
que comenzó en el ojo
del laboratorista:
será de noche, junto
a la madre la muerte,
junto al niño las alas
del invisible espanto,
la batalla en la herida,
todo
comenzó
con el hombre
y su ojo
que buscaba
en el cielo
de la sangre
una estrella maligna.
Allí con blusa blanca
sigue
buscando
el signo,
el número,
el color
de la muerte
o la vida,
descifrando
la textura
del dolor, descubriendo
la insignia de la fiebre
o el primer síntoma
del crecimiento humano.
Luego
el descubridor
desconocido,
el hombre

151

que viajó por tus venas
o denunció
un viajero enmascarado
en el Sur o en el Norte
de tus vísceras,
el temible
hombre con ojo
descuelga su sombrero,
se lo pone,
enciende un cigarrillo
y entra en la calle,
se mueve, se desprende,
se reparte en las calles,
se agrega a la espesura de los hombres,
por fin desaparece
como el dragón
el diminuto y circulante monstruo
que se quedó olvidado en una gota
en el laboratorio.

ODA A LENINGRADO

Suave tu piedra pura,
ancho tu cielo blanco,
hermosa
rosa gris, espaciosa
Leningrado,
con qué tranquilidad
puse en tu antigua tierra
mis zapatos,
de otra tierra
venían,
de la virgen América,
mis pies habían pisado
lodo de manantiales
en la altura,
fragancias indecibles

en la gran cordillera
de mi patria,
habían
tocado mis zapatos
otra nieve,
las ráfagas
de los Andes hirsutos
y ahora,
Leningrado,
tu nieve,
tu ilustre
sombra blanca,
el río con sus gradas sumergiéndose
en la corriente blanca,
la luz como una rama de durazno
dándote su blancura,
oh nave,
nave blanca,
navegando en invierno,
cuántas cosas
vivieron,
se movieron
conmigo
cuando entre tus cordajes
y tus velas de piedra
anduve,
cuando pisé las calles
que conocí en los libros,
me saturó la esencia
de la niebla y los mares,
el joven Pushkin
me tomó de la mano
con su mano enguantada
y en las solemnes edificaciones
del pasado,
en las colmenas
de la nueva vida,
entró mi corazón
americano

latiendo con respeto
y alegría,
escuchando los ecos
de mis pasos
como si despertaran
existencias
que dormían envueltas en la nieve
y de pronto vinieran
a caminar conmigo
pisando fuertemente en el silencio
como sobre las tablas de un navío.

Cuántas
antiguas noches,
allá lejos:
mi libro,
la lluvia
desde el cielo de la isla,
en Chiloé[1] marino
y ahora
la misma
sombra blanca
acompañándome,
Netochka Nezvanova[2],
la Perspectiva Nevsky,
ancha, durmiendo,
un coro ahogado
y un violín perdido.
Antiguo tiempo, antiguo
dolor blanco.
terribles seres de otra
ciudad, que aquí vivían,
tormentos desangrados,
pálida
rosa

---

[1] *Chiloé:* Isla mayor del sur de Chile.
[2] *Netochka Nezvanova:* Personaje de una *nouvelle* temprana de Dostoyevski.

de neblina y nieve,
Netochka Nezvanova,
un insensato
movimiento
en la niebla,
en la nieve,
entrecortados
sufrimientos,
las vidas
como pozos,
el alma,
ciénaga
de peces ciegos,
el alma,
lago
de alcoholes dormidos,
de pronto
enloquecidas
ventanas
delirando
en la noche,
sonatas
de una sola cuerda
enroscándose
a la cola
del diablo,
crímenes
largamente cantados
y contados.
Honor al alba fría!
Cambió el mundo!
Es de noche,
clara
soledad nocturna,
mañana
el día
se poblará de cantos
y rostros encendidos,
de seres

que navegan
en la nave
de la nueva
alegría,
de manos que golpean
los ardientes talleres,
de blusas que acrecientan
la luz blanca,
de asuntos compartidos
como los panes de oro
por escuelas unánimes,
es eso,
ahora
los seres solitarios
de los libros
vienen a acompañarme
pero
la soledad no viene,
no existe,
arden
en la corola
de la vida,
viven
la organizada
dignidad
del trabajo,
la antigua angustia
separó sus hojas
como un árbol que el viento
inclinó, rechazando
la tormenta,
ahora
el caballo de bronce,
el caballero,
no están a punto de emprender el viaje,
regresaron,
el Neva no se va,
viene llegando
con noticias de oro,

con sílabas de plata.
Se fueron
los antiguos
personajes
enfundados
en niebla,
provistos de elevados
sombreros de humo,
las mujeres
talladas en la nieve
llorando en un pañuelo
sobre el río,
emigraron,
cayeron de los libros
y corrieron
los estudiantes locos
que esperaban
con un hacha en la mano
a la puerta
de una anciana,
aquel mundo
de frenéticos popes
y carcajadas muertas en la copa,
trineos
que raptaban la inocencia,
sangre y lobos oscuros en la nieve,
todo aquello
se cayó de los libros,
se fugó de la vida
como un maligno sueño,
ahora
las cúpulas deslizan
el anillo
de la luna creciente,
y otra vez una noche
clarísima
navega
junto con la ciudad,
subieron

las dos pesadas anclas
a los portones del Almirantazgo,
navega Leningrado,
aquellas sombras
se dispersaron, frías,
asustadas,
cuando en la escalinata
del Palacio de Invierno
subió la Historia
con los pies del pueblo.
Más tarde a la ciudad
llegó la guerra,
la guerra con sus dientes
desmoronando
la belleza antigua,
glotona,
comiéndose una torta
de piedra gris y nieve
y sangre,
la guerra
silbando entre los muros,
llevándose a los hombres,
acechando a los hijos,
la guerra
con su saco vacío
y su tambor terrible,
la guerra
con los vidrios quebrados
y la muerte
en la cama,
rígida bajo el frío.
Y el valor alto,
más alto que un abeto,
redondo
como las graves cúpulas,
erguido
como
las serenas columnas,
la resistencia

grave
como la simetría
de la piedra,
el coraje
como una llama viva
en medio
de la nieve
fue
una hoguera
indomable,
en Leningrado
el corazón
soviético.
Y hoy todo vive
y duerme,
la noche
de Leningrado cubre
no sólo
los palacios
las verjas enrejadas,
las cornisas platónicas,
el esplendor antiguo,
no sólo
los motores
y las innumerables
casas frescas,
la vida
justa y ancha,
la construcción del mundo,
la noche, sombra clara
se unió a la antigua noche,
como el día,
como el olor del agua,
Pedro el Gigante y Lenin
el Gigante
se hicieron
unidad,
el tiempo
hizo una rosa,

una torre invencible.
Huele
a fuego
enterrado,
a flor inquebrantable,
circula por las calles
viva sangre sin tiempo
lo que fue
y lo que viene
se unieron
en la rosa espaciosa,
y navega
la nave,
perfuma
la torre gris del Norte,
ancha y celeste, firme
en su reino de nieve,
poblada no por sombras
sino por la grandeza
de su sangre,
coronada
por el rumor marino
de su Historia,
brillando con orgullo, preparada
con toda su belleza
como un salón ilustre
para las reuniones de su pueblo.

ODA AL LIBRO (I)

Libro, cuando te cierro
abro la vida.
Escucho
entrecortados gritos
en los puertos.
Los lingotes del cobre
cruzan los arenales,

bajan a Tocopilla[1].
Es de noche.
Entre las islas
nuestro océano
palpita con sus peces.
Toca los pies, los muslos,
las costillas calcáreas
de mi patria.
Toda la noche pega en sus orillas
y con la luz del día
amanece cantando
como si despertara una guitarra.

A mí me llama el golpe
del océano. A mí
me llama el viento,
y Rodríguez me llama,
José Antonio,
recibí un telegrama
del sindicato «Mina»
y ella, la que yo amo,
(no les diré su nombre)
me espera en Bucalemu[2].

Libro, tú no has podido
empapelarme,
no me llenaste
de tipografía,
de impresiones celestes,
no pudiste
encuadernar mis ojos,
salgo de ti a poblar las arboledas
con la ronca familia de mi canto,
a trabajar metales encendidos
o a comer carne asada

---

[1] *Tocopilla:* Puerto del norte de Chile, cercano a la ciudad de Antofagasta.
[2] *Bucalemu:* Pequeña localidad situada en la costa del Chile central.

junto al fuego en los montes.
Amo los libros
exploradores,
libros con bosque o nieve,
profundidad o cielo,
pero
odio
el libro araña
en donde el pensamiento
fue disponiendo alambre venenoso
para que allí se enrede
la juvenil y circundante mosca.
Libro, déjame libre.
Yo no quiero ir vestido
de volumen,
yo no vengo de un tomo,
mis poemas
no han comido poemas,
devoran
apasionados acontecimientos,
se nutren de intemperie,
extraen alimento
de la tierra y los hombres.
Libro, déjame andar por los caminos
con polvo en los zapatos
y sin mitología:
vuelve a tu biblioteca,
yo me voy por las calles.

He aprendido la vida
de la vida,
el amor lo aprendí de un solo beso,
y no pude enseñar a nadie nada
sino lo que he vivido,
cuanto tuve en común con otros hombres,
cuanto luché con ellos:
cuanto expresé de todos en mi canto.

162

ODA AL LIBRO (II)

Libro
hermoso,
libro,
mínimo bosque,
hoja
tras hoja,
huele
tu papel
a elemento,
eres
matutino y nocturno,
cereal,
oceánico,
en tus antiguas páginas
cazadores de osos,
fogatas
cerca del Missisipi,
canoas
en las islas,
más tarde
caminos
y caminos,
revelaciones,
pueblos
insurgentes,
Rimbaud como un herido
pez sangriento
palpitando en el lodo,
y la hermosura
de la fraternidad,
piedra por piedra
sube el castillo humano,
dolores que entretejen
la firmeza,
acciones solidarias,
libro

oculto
de bolsillo
en bolsillo,
lámpara
clandestina,
estrella roja.

Nosotros
los poetas
caminantes
exploramos
el mundo,
en cada puerta
nos recibió la vida,
participamos
en la lucha terrestre.
Cuál fue nuestra victoria?
Un libro,
un libro lleno
de contactos humanos,
de camisas,
un libro
sin soledad, con hombres
y herramientas,
un libro
es la victoria.
Vive y cae
como todos los frutos,
no sólo tiene luz,
no sólo tiene
sombra,
se apaga,
se deshoja,
se pierde
entre las calles,
se desploma en la tierra.
Libro de poesía
de mañana,
otra vez

164

vuelve
a tener nieve o musgo
en tus páginas
para que las pisadas
o los ojos
vayan grabando
huellas:
de nuevo
descríbenos el mundo,
los manantiales
entre la espesura,
las altas arboledas,
los planetas
polares,
y el hombre
en los caminos,
en los nuevos caminos,
avanzando
en la selva,
en el agua,
en el cielo,
en la desnuda soledad marina,
el hombre
descubriendo
los últimos secretos
el hombre
regresando
con un libro,
el cazador de vuelta
con un libro,
el campesino
arando
con un libro.

ODA A LA LLUVIA

Volvió la lluvia.
No volvió del cielo
o del Oeste.
Ha vuelto de mi infancia.
Se abrió la noche, un trueno
la conmovió, el sonido
barrió las soledades,
y entonces
llegó la lluvia,
regresó la lluvia
de mi infancia,
primero
en una ráfaga
colérica,
luego
como la cola
mojada
de un planeta,
la lluvia
tic tac mil veces tic
tac mil
veces un trineo,
un espacioso golpe
de pétalos oscuros
en la noche,
de pronto
intensa
acribillando
con agujas
el follaje,
otras veces
un manto
tempestuoso
cayendo
en el silencio,
la lluvia,

mar de arriba
rosa fresca,
desnuda,
voz del cielo,
violín negro,
hermosura,
desde niño
te amo,
no porque seas buena,
sino por tu belleza.
Caminé
con los zapatos rotos
mientras los hilos
del cielo desbocado
se destrenzaban sobre
mi cabeza,
me traían
a mí y a las raíces
las comunicaciones
de la altura,
el oxígeno húmedo,
la libertad del bosque.
Conozco
tus desmanes,
el agujero
en el tejado
cayendo
su gotario
en las habitaciones
de los pobres:
allí desenmascaras
tu belleza,
eres hostil
como una
celestial
armadura,
como un puñal de vidrio,
transparente,
allí

te conocí de veras.
Sin embargo,
enamorado
tuyo
seguí
siendo,
en la noche
cerrando la mirada
esperé que cayeras
sobre el mundo,
esperé que cantaras
sólo para mi oído,
porque mi corazón guardaba toda
germinación terrestre
y en él se precipitan los metales
y se levanta el trigo.
Amarte, sin embargo
me dejó en la boca
gusto amargo,
sabor amargo de remordimiento.
Anoche solamente
aquí en Santiago
las poblaciones
de la Nueva Legua
se desmoronaron,
las viviendas
callampas,
hacinados
fragmentos de ignominia,
al peso de tu paso
se cayeron,
los niños
lloraban en el barro
y allí días y días
en las camas mojadas,
sillas rotas,
las mujeres,
el fuego, las cocinas,
mientras tú, lluvia negra,

enemiga,
continuabas cayendo
sobre nuestras desgracias.
Yo creo
que algún día,
que inscribiremos en el calendario,
tendrán techo seguro,
techo firme,
los hombres en su sueño,
todos
los dormidos,
y cuando en la noche
la lluvia
regrese
de mi infancia
cantará en los oídos
de otros niños
y alegre
será el canto
de la lluvia en el mundo,
también trabajadora,
proletaria,
ocupadísima
fertilizando montes
y praderas,
dando fuerza a los ríos,
engalanando
el desmayado arroyo
perdido en la montaña,
trabajando
en el hielo
de los huracanados
ventisqueros,
corriendo sobre el lomo
de la ganadería,
dando valor al germen
primaveral del trigo,
lavando las almendras
escondidas,

trabajando
con fuerza
y con delicadeza fugitiva,
con manos y con hilos
en las preparaciones de la tierra.

Lluvia
de ayer,
oh triste
lluvia
de Loncoche y Temuco [1],
canta,
canta,
canta sobre los techos
y las hojas,
canta en el viento frío,
canta en mi corazón, en mi confianza,
en mi techo, en mis venas,
en mi vida,
ya no tengo miedo,
resbala
hacia la tierra
cantando con tu canto
y con mi canto,
porque los dos tenemos
trabajo en las semillas
y compartimos
el deber cantando.

---

[1] *Loncoche y Temuco:* Localidades del sur de Chile, situadas entre las ciudades de Concepción y de Valdivia. En Temuco transcurrió la infancia del poeta desde 1906 en adelante.

ODA A LA MADERA

Ay, de cuanto conozco
y reconozco
entre todas las cosas
es la madera
mi mejor amiga.
Yo llevo por el mundo
en mi cuerpo, en mi ropa,
aroma
de aserradero,
olor de tabla roja.
Mi pecho, mis sentidos
se impregnaron
en mi infancia
de árboles que caían
de grandes bosques llenos
de construcción futura.
Yo escuché cuando azotan
el gigantesco
alerce,
el laurel alto de cuarenta metros.
El hacha y la cintura
del hachero minúsculo
de pronto picotean
su columna arrogante,
el hombre vence y cae
la columna de aroma,
tiembla la tierra, un trueno
sordo, un sollozo negro
de raíces, y entonces
una ola
de olores forestales
inundó mis sentidos.
Fue en mi infancia, fue sobre
la húmeda tierra, lejos
en las selvas del sur,
en los fragantes, verdes

archipiélagos,
conmigo
fueron naciendo vigas,
durmientes
espesos como el hierro,
tablas
delgadas y sonoras.
La sierra rechinaba
cantando
sus amores de acero,
aullaba el hilo agudo,
el lamento metálico
de la sierra cortando
el pan del bosque
como madre en el parto,
y daba a luz en medio
de la luz
y la selva
desgarrando la entraña
de la naturaleza,
pariendo
castillos de madera,
viviendas para el hombre,
escuelas, ataúdes,
mesas y mangos de hacha.
Todo
allí en el bosque
dormía
bajo las hojas mojadas
cuando
un hombre
comienza
torciendo la cintura
y levantando el hacha
a picotear la pura
solemnidad del árbol
y éste
cae,
trueno y fragancia caen

para que nazca de ellos
la construcción, la forma,
el edificio,
de las manos del hombre.
Te conozco, te amo,
te vi nacer, madera.
Por eso
si te toco
me respondes
como un cuerpo querido,
me muestras
tus ojos y tus fibras,
tus nudos, tus lunares,
tus vetas
como inmóviles ríos.
Yo sé
lo que ellos
cantaron
con la voz del viento,
escucho
la noche tempestuosa,
el galope
del caballo en la selva,
te toco y te abres
como una rosa seca
que sólo para mí resucitara
dándome
el aroma y el fuego
que parecían muertos.
Debajo
de la pintura sórdida
adivino tus poros,
ahogada me llamas
y te escucho,
siento
sacudirse
los árboles
que asombraron mi infancia,
veo

salir de ti,
como un vuelo de océano
y palomas,
las alas de los libros,
el papel
de mañana
para el hombre,
el papel puro para el hombre puro
que existirá mañana
y que hoy está naciendo
con un ruido de sierra,
con un desgarramiento
de luz, sonido y sangre.
En el aserradero
del tiempo,
cae
la selva oscura, oscuro
nace
el hombre,
caen las hojas negras
y nos oprime el trueno,
hablan al mismo tiempo
la muerte y la vida,
como un violín se eleva
el canto o el lamento
de la sierra en el bosque,
y así nace y comienza
a recorrer el mundo
la madera,
hasta ser constructora silenciosa
cortada y perforada por el hierro,
hasta sufrir y proteger
construyendo
la vivienda
en donde cada día
se encontrarán el hombre, la mujer
y la vida.

174

ODA A LA MALVENIDA

Planta de mi país, rosa de tierra,
estrella trepadora,
zarza negra,
pétalo de la luna en el océano
que amé con sus desgracias y sus olas,
con sus puñales y sus callejones,
amapola
erizada,
clavel de nácar negro,
por qué
cuando mi copa
desbordó y cuando
mi corazón cambió de luto a fuego,
cuando no tuve para ti, para ofrecerte,
lo qué toda la vida te esperaba,
entonces
tú llegaste,
cuando letras quemantes
van ardiendo en mi frente,
por qué la línea pura
de tu nupcial contorno
llegó como un anillo
rodando por la tierra?
No debías
de todas y de todas
llegar a mi ventana
como un jazmín tardío.
No eras, oh llama oscura,
la que debió tocarme
y subir con mi sangre
hasta mi boca.
Ahora
qué puedo contestarte?
Consúmete,
no esperes,
no hay espera

para tus labios de púdica nocturna.
Consúmete
tú en la llama,
yo en mi fuego,
y ámame
por el amor que no pudo esperarte,
ámame en lo que tú y yo
tenemos de piedra o de planta:
seguiremos viviendo
de lo que nos dimos:
del hombro en que no pudo reclinarse una rosa,
de una flor que su propia quemadura ilumina.

ODA AL MAR

Aquí en la isla
el mar
y cuánto mar
se sale de sí mismo
a cada rato,
dice que sí, que no,
que no, que no, que no,
dice que sí, en azul,
en espuma, en galope,
dice que sí, que no,
No puede estarse quieto,
me llamo mar, repite
pegando en una piedra
sin lograr convencerla,
entonces
con siete lenguas verdes
de siete perros verdes,
de siete tigres verdes,
de siete mares verdes,
la recorre, la besa,
la humedece
y se golpea el pecho

repitiendo su nombre.
Oh mar, así te llamas,
oh camarada océano,
no pierdas tiempo y agua,
no te sacudas tanto,
ayúdanos,
somos los pequeñitos
pescadores,
los hombres de la orilla,
tenemos frío y hambre,
eres nuestro enemigo,
no golpees tan fuerte,
no grites de ese modo,
abre tu caja verde
y déjanos a todos
en las manos
tu regalo de plata:
el pez de cada día.
Aquí en cada casa
lo queremos
y aunque sea de plata,
de cristal o de luna,
nació para las pobres
cocinas de la tierra.
No lo guardes,
avaro,
corriendo frío como
relámpago mojado
debajo de tus olas.
Ven, ahora,
ábrete
y déjalo
cerca de nuestras manos,
ayúdanos, océano,
padre verde y profundo,
a terminar un día
la pobreza terrestre.
Déjanos
cosechar la infinita

plantación de tus vidas,
tus trigos y tus uvas,
tus bueyes, tus metales,
el esplendor mojado
y el fruto sumergido.

Padre mar, ya sabemos
cómo te llamas, todas
las gaviotas reparten
tu nombre en las arenas:
ahora, pórtate bien,
no sacudas tus crines,
no amenaces a nadie,
no rompas contra el cielo
tu bella dentadura,
déjate por un rato
de gloriosas historias,
danos a cada hombre,
a cada
mujer y a cada niño,
un pez grande o pequeño
cada día.
Sal por todas las calles
del mundo
a repartir pescado
y entonces
grita,
grita
para que te oigan todos
los pobres que trabajan
y digan,
asomando a la boca
de la mina:
«Ahí viene el viejo mar
repartiendo pescado.»
Y volverán abajo,
a las tinieblas,
sonriendo, y por las calles

y los bosques
sonreirán los hombres
y la tierra
con sonrisa marina.

Pero
si no lo quieres,
si no te da la gana,
espérate,
espéranos,
lo vamos a pensar,
vamos en primer término
a arreglar los asuntos
humanos,
los más grandes primero,
todos los otros después,
y entonces
entraremos en ti,
cortaremos las olas
con cuchillo de fuego,
en un caballo eléctrico
saltaremos la espuma,
cantando
nos hundiremos
hasta tocar el fondo
de tus entrañas,
un hilo atómico
guardará tu cintura,
plantaremos
en tu jardín profundo
plantas
de cemento y acero,
te amarraremos
pies y manos,
los hombres por tu piel
pasearán escupiendo,
sacándote racimos,
construyéndote arneses,

montándote y domándote,
dominándote el alma.
Pero eso será cuando
los hombres
hayamos arreglado
nuestro problema,
el grande,
el gran problema.
Todo lo arreglaremos
poco a poco:
te obligaremos, mar,
te obligaremos, tierra,
a hacer milagros,
porque en nosotros mismos,
en la lucha,
está el pez, está el pan,
está el milagro,

ODA A MIRAR PÁJAROS

Ahora
a buscar pájaros!
Las altas ramas férreas
en el bosque,
la espesa
fecundidad del suelo,
está mojado
el mundo,
brilla
lluvia o rocío, un astro
diminuto
en las hojas:
fresca
es la matutina
tierra madre,
el aire
es como un río

que sacude
el silencio,
huele a romero,
a espacio
y a raíces.
Arriba
un canto loco,
una cascada,
es un pájaro.
Cómo
de su garganta
más pequeña que un dedo
pueden caer las aguas
de su canto?

Facultad luminosa!
Poderío
invisible,
torrente
de la música
en las hojas,
conversación sagrada!

Limpio, lavado, fresco
es este día,
sonoro
como cítara verde,
yo entierro
los zapatos
en el lodo,
salto los manantiales,
una espina
me muerde y una ráfaga
de aire como una ola
cristalina
se divide en mi pecho.
Dónde
están los pájaros?

Fue tal vez
ese
susurro en el follaje
o esa huidiza bola
de pardo terciopelo,
o ese desplazamiento
de perfume? Esa hoja
que desprendió el canelo
fue un pájaro? Ese polvo
de magnolia irritada
o esa fruta
que cayó resonando,
eso fue un vuelo?
Oh pequeños cretinos
invisibles,
pájaros del demonio,
váyanse
al diablo
con su sonajera,
con sus plumas inútiles!
Yo que sólo quería
acariciarlos,
verlos resplandeciendo,
no quiero
en la vitrina
ver los relámpagos embalsamados,
quiero verlos vivientes,
quiero tocar sus guantes
de legítimo cuero,
que nunca olvidan en las ramas,
y conversar con ellos
en los hombros
aunque me dejen como a ciertas estatuas
inmerecidamente blanqueado.

Imposible.
No se tocan,
se oyen
como un celeste

182

susurro o movimiento,
conversan
con precisión,
repiten
sus observaciones,
se jactan
de cuanto hacen,
comentan
cuanto existe,
dominan
ciertas ciencias
como la hidrografía
y a ciencia cierta saben
dónde están cosechando
cereales.

Ahora bien,
pájaros
invisibles
de la selva, del bosque,
de la enramada pura,
pájaros de la acacia
y de la encina,
pájaros
locos, enamorados,
sorpresivos,
cantantes
vanidosos,
músicos migratorios,
una palabra
última
antes
de volver
con zapatos mojados, espinas
y hojas secas
a mi casa:
vagabundos,
os amo
libres,

lejos de la escopeta y de la jaula,
corolas
fugitivas,
así
os amo,
inasibles,
solidaria y sonora
sociedad de la altura,
hojas
en libertad,
campeones
del aire,
pétalos
del humo,
libres,
alegres,
voladores y cantores,
aéreos y terrestres,
navegantes del viento,
felices
constructores
de suavísimos nidos,
incesantes
mensajeros del polen,
casamenteros
de la flor, tíos
de la semilla,
os amo,
ingratos:
vuelvo
feliz de haber vivido con vosotros
un minuto
en el viento.

ODA AL MURMULLO

Versos de amor, de luto,
de cólera o de luna,
me atribuyen:
de los que con trabajos,
manzanas y alegría,
voy haciendo,
dicen que no son míos,
que muestran la influencia
de Pitiney, de Papo,
de Sodostes.
Ay qué vamos a hacerle!
La vida
fue poniendo en mi mano
una paloma
y otra.
Aprendí el vuelo
y enseñé
volando.
Desde el cielo celeste
comprendí los deberes
de la tierra,
vi más grandes los hechos
de los hombres
que el vuelo
encarnizado
de los pájaros.
Amé la tierra, puse
en mi corazón la transparencia
del agua que camina,
formé
de barro y viento la vasija
de mi constante canto,
y entonces
por los pueblos,
las casas,
los puertos

y las minas,
fui conquistando una familia humana,
resistí con los pobres
la pobreza,
viví con mis hermanos.

Entonces
cada ataque de ola negra,
cada
pesado
manotón de la vida
contra mis pobres huesos
fue sonoro sonido de campana,
y me hice campanero,
campanero
de la tierra
y los hombres,
Ahora
soy campanero,
me agarro
con el alma
a los cordeles,
tiembla
la tierra
con mi corazón en el sonido,
subo, recorro montes,
bajo,
reparto
la alarma, la alegría,
la esperanza.

Por qué
cuando
tal vez estoy cansado,
cuando duermo,
cuando salgo a beber con mis amigos
el vino
de las tierras que amo y que defiendo,
por qué

me persigues, desquiciado
con una piedra,
con una
quijada de borrico
quieres amedrentarme,
si nadie
pudo
antes
hacer que me callara?
Tú crees
que poniendo en la calle
una resbaladiza
cáscara de manzana
o tu remota
producción de saliva
puedes
terminar con mi canto de campana
y con mi vocación de campanero?
Es hora
de que nos comprendamos:
acuéstate temprano,
preocúpate
de que paguen tu sastre
tu madre o tu cuñado,
déjame
subir por la escalera a mi campana:
arde el sol en el frío,
aún está caliente
el pan
en los mesones,
es fragante la tierra,
amanece,
y yo con mi campana,
con mi canto,
despierto y te despierto.
Ése es mi oficio
—aunque no quieras—
despertarte
a ti y a los que duermen,

convencer
al nocturno
de que llegó la luz,
y esto
es tan sencillo
de hacer,
tan agradable como
repartir panes en la vía pública,
que hasta yo puedo hacerlo,
cantando como canto,
sonoro como el agua que camina,
y como un campanero,
inexorable.

ODA A LA NOCHE

Detrás
del día,
de cada piedra y árbol,
detrás de cada libro,
noche,
galopas y trabajas,
o reposas,
esperando
hasta que tus raíces recogidas
desarrollan tu flor y tu follaje.
Como
una bandera
te agitas en el cielo
hasta llenar no sólo
los montes y los mares,
sino las más pequeñas cavidades,
los ojos
férreos del campesino fatigado,
el coral negro
de las bocas humanas
entregadas al sueño.

Libre corres
sobre el curso salvaje
de los ríos,
secretas sendas cubres, noche,
profundidad de amores constelados
por los cuerpos desnudos,
crímenes que salpican
con un grito de sombra,
mientras tanto los trenes
corren, los fogoneros
tiran carbón nocturno al fuego rojo,
el atareado empleado de estadística
se ha metido en un bosque
de hojas petrificadas,
el panadero amasa
la blancura.
La noche también duerme
como un caballo ciego.
Llueve
de Norte a Sur,
sobre los grandes
árboles de mi patria,
sobre los techos
de metal corrugado[1],
suena
el canto de la noche,
lluvia y oscuridad son los metales
de la espada que canta,
y estrellas o jazmines
vigilan
desde la altura negra,
señales
que poco a poco
con lentitud de siglos
entenderemos.
Noche,
noche mía,

---

[1] *Metal corrugado:* Metal contraído, arrugado. *Corrugar* es un arcaísmo de *arrugar*.

noche de todo el mundo,
tienes algo
dentro de ti, redondo
como un niño
que va a nacer, como una
semilla
que revienta,
es el milagro,
es el día.
Eres más bella
porque alimentas con tu sangre oscura
la amapola que nace,
porque trabajas con ojos cerrados
para que se abran ojos,
para que cante el agua,
para que resuciten
nuestran vidas.

ODA A LOS NÚMEROS

Qué sed
de saber cuánto!
Qué hambre
de saber
cuántas
estrellas tiene el cielo!

Nos pasamos
la infancia
contando piedras, plantas,
dedos, arenas, dientes,
la juventud contando
pétalos, cabelleras.
Contamos
los colores, los años,
las vidas y los besos,
en el campo
los bueyes, en el mar
las olas. Los navíos

190

se hicieron cifras que se fecundaban.
Los números parían.
Las ciudades
eran miles, millones,
el trigo centenares
de unidades que adentro
tenían otros números pequeños,
más pequeños que un grano.
El tiempo se hizo número.
La luz fue numerada
y por más que corrió con el sonido
fue su velocidad un 37.
Nos rodearon los números.
Cerrábamos la puerta,
de noche, fatigados,
llegaba un 800,
por debajo,
hasta entrar con nosotros en la cama,
y en el sueño
los 4000 y los 77
picándonos la frente
con sus martillos o sus alicates.
Los 5
agregándose
hasta entrar en el mar o en el delirio,
hasta que el sol saluda con su cero
y nos vamos corriendo
a la oficina,
al taller,
a la fábrica,
a comenzar de nuevo el infinito
número 1 de cada día.

Tuvimos, hombre, tiempo
para que nuestra sed
fuera saciándose,
el ancestral deseo
de enumerar las cosas
y sumarlas,

de reducirlas hasta
hacerlas polvo,
arenales de números.
Fuimos
empapelando el mundo
con números y nombres,
pero
las cosas existían,
se fugaban
del número,
enloquecían en sus cantidades,
se evaporaban
dejando
su olor o su recuerdo
y quedaban los números vacíos.

Por eso,
para ti
quiero las cosas.
Los números
que se vayan a la cárcel,
que se muevan
en columnas cerradas
procreando
hasta darnos la suma
de la totalidad de infinito.
Para ti sólo quiero
que aquellos
números del camino
te defiendan
y que tú los defiendas.
La cifra semanal de tu salario
se desarrolle hasta cubrir tu pecho.
Y del número 2 en que se enlazan
tu cuerpo y el de la mujer amada
salgan los ojos pares de tus hijos
a contar otra vez
las antiguas estrellas
y las innumerables

espigas
que llenarán la tierra transformada.

ODA AL OTOÑO

Ay cuánto tiempo
tierra
sin otoño,
cómo
pudo vivirse!
Ah qué opresiva
náyade
la primavera
con sus escandalosos
pezones
mostrándolos en todos
los árboles del mundo,
y luego
el verano,
trigo,
trigo,
intermitentes
grillos,
cigarras,
sudor desenfrenado.
Entonces
el aire
trae por la mañana
un vapor de planeta.
Desde otra estrella
caen gotas de plata.
Se respira
el cambio
de fronteras,
de la humedad al viento,
del viento a las raíces.
Algo sordo, profundo,

trabaja bajo la tierra
almacenando sueños.
La energía se ovilla,
la cinta
de las fecundaciones
enrolla
sus anillos.

Modesto es el otoño
como los leñadores.
Cuesta mucho
sacar todas las hojas
de todos los árboles
de todos los países.
La primavera
las cosió volando
y ahora
hay que dejarlas
caer como si fueran
pájaros amarillos.
No es fácil.
Hace falta tiempo.
Hay que correr por
los caminos,
hablar idiomas,
sueco,
portugués,
hablar en lengua roja,
en lengua verde.
Hay que saber
callar en todos
los idiomas
y en todas partes,
siempre,
dejar caer,
caer,
dejar caer,
caer
las hojas.

Difícil
es
ser otoño,
fácil ser primavera.
Encender todo
lo que nació
para ser encendido.
Pero apagar el mundo
deslizándolo
como si fuera un aro
de cosas amarillas,
hasta fundir olores,
luz, raíces,
subir vino a las uvas,
acuñar con paciencia
la irregular moneda
del árbol en la altura
derramándola luego
en desinteresadas
calles desiertas,
es profesión de manos
varoniles.

Por eso,
otoño,
camarada alfarero,
constructor de planetas,
electricista,
preservador de trigo,
te doy mi mano de hombre
a hombre
y te pido me invites
a salir a caballo,
a trabajar contigo.
Siempre quise
ser aprendiz de otoño,
ser pariente pequeño
del laborioso
mecánico de altura,

galopar por la tierra
repartiendo
oro,
inútil oro.
Pero, mañana,
otoño,
te ayudaré a que cobren
hojas de oro
los pobres del camino.

Otoño, buen jinete,
galopemos,
antes que nos ataje
el negro invierno.
Es duro
nuestro largo trabajo.
Vamos
a preparar la tierra
y a enseñarla
a ser madre,
a guardar las semillas
que en su vientre
van a dormir cuidadas
por dos jinetes rojos
que corren por el mundo:
el aprendiz de otoño
y el otoño.

Así de las raíces
oscuras y escondidas
podrán salir bailando
la fragancia
y el velo verde de la primavera.

ODA AL PÁJARO SOFRÉ

Te enterré en el jardín:
una fosa
minúscula
como una mano abierta,
tierra
austral,
tierra fría
fue cubriendo
tu plumaje,
los rayos amarillos,
los relámpagos negros
de tu cuerpo apagado.
Del Matto Grosso[1],
de la fértil Goiania,
te enviaron
encerrado.
No podías.
Te fuiste.
En la jaula
con las pequeñas
patas tiesas,
como agarradas
a una rama invisible,
muerto,
un pobre atado
de plumas
extinguidas,
lejos,
de los fuegos natales,
de la madre
espesura,
en tierra fría,
lejos,
Ave

---

[1] *Matto Grosso:* Región del interior del Brasil.

purísima,
te conocí viviente,
eléctrico,
agitado,
rumoroso,
una flecha
fragante
era tu cuerpo,
por mi brazo y mis hombros
anduviste
independiente, indómito,
negro de piedra negra
y polen amarillo.
Oh salvaje
hermosura,
la dirección erguida
de tus pasos,
en tus ojos
la chispa
del desafío, pero
así
como una flor es desafiante,
con la entereza
de una terrestre integridad, colmado
como un racimo, inquieto
como un descubridor,
seguro de su débil arrogancia.

Hice mal, al otoño
que comienza
en mi patria,
a las hojas
que ahora desfallecen
y se caen,
al viento Sur, galvánico,
a los árboles duros, a las hojas
que tú no conocías,
te traje,
hice viajar tu orgullo

a otro sol ceniciento
lejos del tuyo
quemante
como cítara escarlata,
y cuando
al aeródromo metálico
tu jaula
descendió,
ya no tenías
la majestad del viento,
ya estabas despojado
de la luz cenital que te cubría,
ya eras
una pluma de la muerte,
y luego,
en mi casa,
fue tu mirada última
a mi rostro, el reproche
de tu mirada indomable.
Entonces,
con las alas cerradas,
regresaste
a tu cielo,
al corazón extenso,
al fuego verde,
a la tierra encendida,
a las vertientes,
a las enredaderas,
a las frutas,
al aire, a las estrellas,
al sonido secreto
de los desconocidos manantiales,
a la humedad
de las fecundaciones en la selva,
regresaste
a tu origen,
al fulgor amarillo,
al pecho oscuro,
a la tierra y al cielo de tu patria.

ODA AL PAN

Pan,
con harina,
agua
y fuego
te levantas.
Espeso y leve,
recostado y redondo,
repites
el vientre
de la madre,
equinoccial
germinación
terrestre.
Pan,
qué fácil
y qué profundo eres:
en la bandeja blanca
de la panadería
se alargan tus hileras
como utensilios, platos
o papeles,
y de pronto,
la ola
de la vida,
la conjunción del germen
y del fuego,
creces, creces
de pronto
como
cintura, boca, senos,
colinas de la tierra,
vidas,
sube el calor, te inunda
la plenitud, el viento
de la fecundidad,
y entonces

se inmoviliza tu color de oro,
y cuando se preñaron
tus pequeños vientres,
la cicatriz morena
dejó su quemadura
en todo tu dorado
sistema de hemisferios.
Ahora,
intacto,
eres
acción de hombre,
milagro repetido,
voluntad de la vida.

Oh pan de cada boca,
no
te imploraremos,
los hombres
no somos
mendigos
de vagos dioses
o de ángeles oscuros:
del mar y de la tierra
haremos pan,
plantaremos de trigo
la tierra y los planetas,
el pan de cada boca,
de cada hombre,
en cada día,
llegará porque fuimos
a sembrarlo
y a hacerlo,
no para un hombre sino
para todos,
el pan, el pan
para todos los pueblos
y con él lo que tiene
forma y sabor de pan
repartiremos:

la tierra,
la belleza,
el amor,
todo eso
tiene sabor de pan,
forma de pan,
germinación de harina,
todo
nació para ser compartido,
para ser entregado,
para multiplicarse.

Por eso, pan,
si huyes
de la casa del hombre,
si te ocultan,
te niegan,
si el avaro
te prostituye,
si el rico
te acapara,
si el trigo
no busca surco y tierra,
pan,
no rezaremos,
pan,
no mendigaremos,
lucharemos por ti con otros hombres,
con todos los hambrientos,
por todos los ríos y el aire
iremos a buscarte,
toda la tierra la repartiremos
para que tú germines,
y con nosotros
avanzará la tierra:
el agua, el fuego, el hombre
lucharán con nosotros.
Iremos coronados
con espigas,

conquistando
tierra y pan para todos,
y entonces
también la vida
tendrá forma de pan,
será simple y profunda,
innumerable y pura.
Todos los seres
tendrán derecho
a la tierra y la vida,
y así será el pan de mañana,
el pan de cada boca,
sagrado,
consagrado,
porque será el producto
de la más larga y dura
lucha humana.

No tiene alas
la victoria terrestre:
tiene pan en sus hombros,
y vuela valerosa
liberando la tierra
como una panadera
conducida en el viento.

ODA A LA PAREJA

I

Reina, es hermoso ver
marcando mi camino
tu pisada pequeña
o ver tus ojos
enredándose
en todo lo que miro,
ver despertar tu rostro

cada día,
sumergirse
en el mismo
fragmento
de sombra
cada noche.
Hermoso
es ver
el tiempo
que corre
como el mar
contra una sola proa
formada por tus senos y mi pecho,
por tus pies y mis manos.
Pasan por tu perfil
olas del tiempo,
las mismas que me azotan
y me encienden,
olas como furiosas
dentelladas de frío
y olas como los granos
de la espiga.
Pero
estamos juntos,
resistimos,
guardando
tal vez
espuma negra o roja
en la memoria,
heridas
que palpitaron como labios o alas.
Vamos andando juntos
por calles y por islas,
bajo el violín quebrado
de las ráfagas,
frente a un dios enemigo,
sencillamente juntos
una mujer y un hombre.

II

Aquellos
que no han sentido cada
día del mundo
caer
sobre la doble
máscara del navío,
no la sal sino el tiempo,
no la sombra
sino el paso desnudo
de la dicha,
cómo podrán cerrar
los ojos,
los ojos solitarios y dormir?

No me gusta
la casa sin tejado,
la ventana sin vidrios.
No me gusta
el día sin trabajo,
ni la noche sin sueño.
No me gusta
el hombre
sin mujer,
ni la mujer
sin hombre.

Complétate,
hombre o mujer, que nada
te intimide.
En algún sitio
ahora
están esperándote.
Levántate:
tiembla
la luz en las campanas,
nacen

las amapolas,
tienes
que vivir
y amasar
con barro y luz de vida.

Si sobre dos cabezas
cae la nieve
es dulce el corazón
caliente de la casa.
De otra manera,
en la intemperie, el viento
te pregunta:
dónde está
la que amaste?
y te empuja, mordiéndote, a buscarla
Media mujer es una
y un hombre es medio hombre.
En media casa viven,
duermen en medio lecho.

Yo quiero
que las vidas se integren
encendiendo los besos
hasta ahora apagados.
Yo soy el buen poeta
casamentero. Tengo
novias
para todos los hombres.
Todos los días veo
mujeres solitarias
que por ti me preguntan.
Te casaré, si quieres,
con la hermana
de la sirena reina de las islas.
Por desgracia, no puedes
casarte con la reina,
porque me está esperando.
Se casará conmigo.

ODA AL PASADO

Hoy, conversando,
se salió de madre
el pasado,
mi pasado.
Con indulgencia
las pequeñas
cosas sucias,
episodios
vacíos,
harina negra,
polvo.
Te agachas
suavemente
inclinado
en ti mismo,
sonríes,
te celebras,
pero
si se trata
de otro, de tu amigo,
de tu enemigo,
entonces
te tornas despiadado,
frunces el ceño:
Qué cosas hizo ese hombre!
Esa mujer, qué cosas
hizo!
Te tapas
la nariz,
visiblemente
te desagradan mucho
los pasados ajenos.
De lo nuestro miramos
con nostalgia
los peores días,
abrimos

con precaución el cofre
y enarbolamos,
para que nos admiren,
la proeza.
Olvidemos el resto.
Sólo es mala memoria.
Escucha, aprende:
el tiempo
se divide
en dos ríos:
uno
corre hacia atrás, devora
lo que vives,
el otro
va contigo adelante
descubriendo
tu vida.
En un solo minuto
se juntaron.
Es éste.
Ésta es la hora,
la gota de un instante
que arrastrará el pasado.
Es el presente.
Está en tus manos.
Rápido, resbalando,
cae como cascada.
Pero eres dueño de él.
Constrúyelo
con amor, con firmeza,
con piedra y ala,
con rectitud
sonora,
con cereales puros,
con el metal más claro
de tu pecho,
andando
a mediodía,
sin temer

a la verdad, al bien, a la justicia.
Compañeros de canto,
el tiempo que transcurre
tendrá forma
y sonido
de guitarra,
y cuando quieras
inclinarte al pasado,
el manantial del tiempo
transparente
revelará tu integridad cantando.
El tiempo es alegría.

ODA A LA PEREZA

Ayer sentí que la oda
no subía del suelo.
Era hora, debía
por lo menos
mostrar una hoja verde.
Rasqué la tierra: «Sube,
hermana oda
—le dije—
te tengo prometida,
no me tengas miedo,
no voy a triturarte,
oda de cuatro hojas,
oda de cuatro manos,
tomarás té conmigo.
Sube,
te voy a coronar entre las odas,
saldremos juntos, por la orilla
del mar, en bicicleta.»
Fue inútil.

Entonces,
en lo alto de los pinos,

la pereza
apareció desnuda,
me llevó deslumbrado
y soñoliento,
me descubrió en la arena
pequeños trozos rotos
de sustancias oceánicas,
maderas, algas, piedras,
plumas de aves marinas.
Busqué sin encontrar
ágatas amarillas.
El mar
llenaba los espacios
desmoronando torres,
invadiendo
las costas de mi patria,
avanzando
sucesivas catástrofes de espuma.
Sola en la arena
abría un rayo
una corola.
Vi cruzar los petreles plateados
y como cruces negras
los cormoranes
clavados en las rocas.
Liberté una abeja
que agonizaba en un velo de araña,
metí una piedrecita
en un bolsillo,
era suave, suavísima
como un pecho de pájaro,
mientras tanto en la costa,
toda la tarde,
lucharon sol y niebla.
A veces
la niebla se impregnaba
de luz
como un topacio,
otras veces caía

un rayo de sol húmedo
dejando caer gotas amarillas.

En la noche,
pensando en los deberes de mi oda
fugitiva,
me saqué los zapatos
junto al fuego,
resbaló arena de ellos
y pronto fui quedándome
dormido.

ODA A LA POBREZA

Cuando nací,
pobreza,
me seguiste,
me mirabas
a través
de las tablas podridas
por el profundo invierno.
De pronto
eran tus ojos
los que miraban desde los agujeros.
Las goteras,
de noche,
repetían
tu nombre y apellido
o a veces
el salero quebrado,
el traje roto,
los zapatos abiertos,
me advertían.
Allí estaban
acechándome
tus dientes de carcoma,
tus ojos de pantano,

tu lengua gris
que corta
la ropa, la madera,
los huesos y la sangre,
allí estabas
buscándome,
siguiéndome
desde mi nacimiento
por las calles.

Cuando alquilé una pieza
pequeña en los suburbios,
sentada en una silla
me esperabas,
o al descorrer las sábanas
en un hotel oscuro,
adolescente,
no encontré la fragancia
de la rosa desnuda,
sino el silbido frío
de tu boca.
Pobreza,
me seguiste
por los cuarteles y los hospitales,
por la paz y la guerra.
Cuando enfermé tocaron
a la puerta:
no era el doctor, entraba
otra vez la pobreza.
Te vi sacar mis muebles
a la calle:
los hombres
los dejaban caer como pedradas.
Tú, con amor horrible,
de un montón de abandono
en medio de la calle y de la lluvia
ibas haciendo
un trono desdentado
y mirando a los pobres

212

recogías
mi último plato haciéndolo diadema.
Ahora,
pobreza,
yo te sigo.
Como fuiste implacable,
soy implacable.
Junto
a cada pobre
me encontrarás cantando,
bajo
cada sábana
del hospital imposible
encontrarás mi canto.
Te sigo,
pobreza,
te vigilo,
te cerco,
te disparo,
te aíslo,
te cerceno las uñas,
te rompo
los dientes que te quedan.
Estoy
en todas partes:
en el océano con los pescadores,
en la mina
los hombres
al limpiarse la frente,
secarse el sudor negro,
encuentran
mis poemas.
Yo salgo cada día
con la obrera textil.
Tengo las manos blancas
de dar el pan en las panaderías.
Donde vayas,
pobreza,
mi canto

está cantando,
mi vida
está viviendo,
mi sangre
está luchando.
Derrotaré
tus pálidas banderas
en donde se levanten.
Otros poetas
antaño te llamaron
santa,
veneraron tu capa,
se alimentaron de humo
y desaparecieron.
Yo
te desafío,
con duros versos te golpeo el rostro,
te embarco y te destierro.
Yo con otros,
con otros, muchos otros,
te vamos expulsando
de la tierra a la luna
para que allí te quedes
fría y encarcelada
mirando con un ojo
el pan y los racimos
que cubrirán la tierra
de mañana.

ODA A LA POESÍA

Cerca de cincuenta años
caminando
contigo, Poesía.
Al principio
me enredabas los pies
y caía de bruces

sobre la tierra oscura
o enterraba los ojos
en la charca
para ver las estrellas.
Más tarde te ceñiste
a mí con los dos brazos de la amante
y subiste
en mi sangre
como una enredadera.
Luego
te convertiste en copa.

Hermoso
fue
ir derramándote sin consumirte,
ir entregando tu agua inagotable,
ir viendo que una gota
caía sobre un corazón quemado
y desde sus cenizas revivía.
Pero
no me bastó tampoco.
Tanto anduve contigo
que te perdí el respeto.
Dejé de verte como
náyade vaporosa,
te puse a trabajar de lavandera,
a vender pan en las panaderías,
a hilar con las sencillas tejedoras,
a golpear hierros en la metalurgia.
Y seguiste conmigo
andando por el mundo,
pero tú ya no eras
la florida
estatua de mi infancia.
Hablabas
ahora
con voz férrea.
Tus manos
fueron duras como piedras.

Tu corazón
fue un abundante
manantial de campanas,
elaboraste pan a manos llenas,
me ayudaste
a no caer de bruces,
me buscaste
compañía,
no una mujer,
no un hombre,
sino miles, millones.
Juntos, Poesía,
fuimos
al combate, a la huelga,
al desfile, a los puertos,
a la mina,
y me reí cuando saliste
con la frente manchada de carbón
o coronada de aserrín fragante
de los aserraderos.
Y no dormíamos en los caminos.
Nos esperaban grupos
de obreros con camisas
recién lavadas y banderas rojas.

Y tú, Poesía,
antes tan desdichadamente tímida,
a la cabeza
fuiste
y todos
se acostumbraron a tu vestidura
de estrella cuotidiana,
porque aunque algún relámpago delató tu familia
cumpliste tu tarea,
tu paso entre los pasos de los hombres.
Yo te pedí que fueras
utilitaria y útil,
como metal o harina,
dispuesta a ser arado,

216

herramienta,
pan y vino,
dispuesta, Poesía,
a luchar cuerpo a cuerpo
y a caer desangrándote.

Y ahora,
Poesía,
gracias, esposa,
hermana o madre
o novia,
gracias, ola marina,
azahar y bandera,
motor de música,
largo pétalo de oro,
campana submarina,
granero
inextinguible,
gracias,
tierra de cada uno
de mis días,
vapor celeste y sangre
de mis años,
porque me acompañaste
desde la más enrarecida altura
hasta la simple mesa
de los pobres,
porque pusiste en mi alma
sabor ferruginoso
y fuego frío,
porque me levantaste
hasta la altura insigne
de los hombres comunes,
Poesía,
porque contigo
mientras me fui gastando
tú continuaste
desarrollando tu frescura firme,
tu ímpetu cristalino,

como si el tiempo
que poco a poco me convierte en tierra
fuera a dejar corriendo eternamente
las aguas de mi canto.

ODA A LOS POETAS POPULARES

Poetas naturales de la tierra,
escondidos en surcos,
cantando en las esquinas,
ciegos de callejón, oh trovadores
de las praderas y los almacenes,
si al agua
comprendiéramos
tal vez como vosotros hablaría,
si las piedras
dijeran su lamento
o su silencio
con vuestra voz, hermanos,
hablarían.
Numerosos
sois, como las raíces.
En el antiguo corazón
del pueblo
habéis nacido
y de allí viene
vuestra voz sencilla.
Tenéis la jerarquía
del silencioso cántaro de greda
perdido en los rincones,
de pronto canta
cuando se desborda
y es sencillo
su canto,
es sólo tierra y agua.
Así quiero que canten
mis poemas,
que lleven

tierra y agua,
fertilidad y canto,
a todo el mundo.
Por eso,
poetas
de mi pueblo,
saludo
la antigua luz que sale
de la tierra.
El eterno
hilo en que se juntaron
pueblo
y
poesía,
nunca
se cortó
este profundo
hilo de piedra,
viene
desde tan lejos
como
la memoria
del hombre.
Vio
con los ojos ciegos
de los vates
nacer la tumultuosa
primavera,
la sociedad humana,
el primer beso,
y en la guerra
cantó sobre la sangre,
allí estaba mi hermano
barba roja,
cabeza ensangrentada
y ojos ciegos,
con su lira,
allí estaba
cantando

entre los muertos,
Homero
se llamaba
o Pastor Pérez,
o Reinaldo Donoso[1],
Sus endechas
eran allí y ahora
un vuelo blanco,
una paloma,
eran la paz, la rama
del árbol del aceite,
y la continuidad de la hermosura.
Más tarde
los absorbió la calle,
la campiña,
los encontré cantando
entre las reses,
en la celebración
del desafío,
relatando las penas
de los pobres,
llevando las noticias
de las inundaciones,
detallando las ruinas
del incendio
o la noche nefanda
de los asesinatos.

Ellos,
los poetas
de mi pueblo,
errantes,
pobres entre los pobres,
sostuvieron
sobre sus canciones
la sonrisa,

---

[1] *Pastor Pérez* y *Reinaldo Donoso:* Posiblemente, como el contexto
lo indica, nombres de poetas populares chilenos.

criticaron con sorna
a los explotadores,
contaron la miseria
del minero
y el destino implacable
del soldado.
Ellos,
los poetas
del pueblo,
con guitarra harapienta
y ojos conocedores
de la vida,
sostuvieron
en su canto
una rosa
y la mostraron en los callejones
para que se supiera
que la vida
no será siempre triste.
Payadores, poetas
humildemente altivos,
a través
de la historia
y sus reveses,
a través
de la paz y de la guerra,
de la noche y la aurora,
sois vosotros
los depositarios,
los tejedores
de la poesía,
y ahora
aquí en mi patria
está el tesoro,
el cristal de Castilla,
la soledad de Chile,
la pícara inocencia,
y la guitarra contra el infortunio,
la mano solidaria

en el camino,
la palabra
repetida en el canto
y transmitida,
la voz de piedra y agua
entre raíces,
la rapsodia del viento,
la voz que no requiere librerías,
todo lo que debemos aprender
los orgullosos:
con la verdad del pueblo
la eternidad del canto.

ODA A LA PRIMAVERA

Primavera
temible,
rosa
loca,
llegarás,
llegas
imperceptible,
apenas
un temblor de ala, un beso
de niebla con jazmines,
el sombrero
lo sabe,
los caballos,
el viento
trae una carta verde
que los árboles leen
y comienzan
las hojas
a mirar con un ojo,
a ver de nuevo el mundo,
se convencen,
todo está preparado,

222

el viejo sol supremo,
el agua que habla,
todo,
y entonces
salen todas las faldas
del follaje,
la esmeraldina,
loca
primavera,
luz desencadenada,
yegua verde,
todo
se multiplica,
todo
busca
palpando
una materia
que repita su forma,
el germen mueve
pequeños pies sagrados,
el hombre
ciñe
el amor de su amada,
y la tierra se llena
de frescura,
de pétalos que caen
como harina,
                    la tierra
brilla recién pintada
mostrando
su fragancia
en sus heridas,
los besos de los labios de claveles,
la marea escarlata de la rosa.
Ya está bueno!
Ahora,
primavera,
dime para qué sirves
y a quién sirves.

Dime si el olvidado
en su caverna
recibió tu visita,
si el abogado pobre
en su oficina
vio florecer tus pétalos
sobre la sucia alfombra,
si el minero
de las minas de mi patria
no conoció
más que la primavera negra
del carbón
o el viento envenenado
del azufre!

Primavera,
muchacha,
te esperaba!
Toma esta escoba y barre
el mundo!
Limpia
con este trapo
las fronteras,
sopla
los techos de los hombres,
escarba
el oro
acumulado
y reparte
los bienes
escondidos,
ayúdame
cuando
ya
el
hombre
esté libre
de miseria,
polvo,

harapos,
deudas,
llagas,
dolores,
cuando
con tus transformadoras manos de hada
y las manos del pueblo,
cuando sobre la tierra
el fuego y el amor
toquen tus bailarines
pies de nácar,
cuando
tú, primavera,
entres
te amaré sin pecado,
a todas
las casas de los hombres,
desordenada dalia,
acacia loca,
amada,
contigo, con tu aroma,
con tu abundancia, sin remordimiento,
con tu desnuda nieve
abrasadora,
con tus más desbocados manantiales,
sin descartar la dicha
de otros hombres,
con la miel misteriosa
de las abejas diurnas,
sin que los negros tengan
que vivir apartados
de los blancos,
oh primavera
de la noche sin pobres,
sin pobreza,
primavera
fragante,
llegarás,
llegas,

te veo
venir por el camino:
ésta es mi casa,
entra,
tardabas,
era hora,
qué bueno es florecer,
qué trabajo
tan bello:
qué activa
obrera eres,
primavera,
tejedora,
labriega,
ordeñadora,
múltiple abeja,
                    máquina
transparente,
molino de cigarras,
entra
en todas las casas,
adelante,
trabajaremos juntos
en la futura y pura
fecundidad florida.

ODA A UN RELOJ EN LA NOCHE

En la noche, en tu mano
brilló como luciérnaga
mi reloj.
Oí
su cuerda:
como un susurro seco
salía
de tu mano invisible.

Tu mano entonces
volvió a mi pecho oscuro
a recoger mi sueño y su latido.

El reloj
siguió cortando el tiempo
con su pequeña sierra.
Como en un bosque
caen
fragmentos de madera,
mínimas gotas, trozos
de ramajes o nidos,
sin que cambie el silencio,
sin que la fresca oscuridad termine,
así
siguió el reloj cortando
desde tu mano invisible,
tiempo, tiempo,
y cayeron
minutos como hojas,
fibras de tiempo roto,
pequeñas plumas negras.

Como en el bosque
olíamos raíces,
el agua en algún sitio desprendía
una gotera gruesa
como uva mojada,
Un pequeño molino
molía noche,
la sombra susurraba
cayendo de tu mano
y llenaba la tierra.
Polvo,
tierra, distancia
molía y molía
mi reloj en la noche,
desde tu mano.

Yo puse
mi brazo
bajo tu cuello invisible,
bajo su peso tibio,
y en mi mano
cayó el tiempo,
la noche,
pequeños ruidos
de madera y de bosque,
de noche dividida,
de fragmentos de sombra,
de agua que cae y cae:
entonces
cayó el sueño
desde el reloj y desde
tus dos manos dormidas,
cayó como agua oscura
de los bosques,
del reloj
a tu cuerpo,
de ti hacia los países,
agua oscura,
tiempo que cae
y corre
adentro de nosotros.
Y así fue aquella noche,
sombra y espacio, tierra
y tiempo,
algo que corre y cae
y pasa.
Y así todas las noches
van por la tierra,
no dejan sino un vago
aroma negro,
cae una hoja,
una gota
en la tierra
apaga su sonido,
duerme el bosque, las aguas,

las praderas,
las campanas,
los ojos.

Te oigo y respiras,
amor mío,
dormimos.

ODA A RÍO DE JANEIRO

Río de Janeiro, el agua
es tu bandera,
agita sus colores,
sopla y suena en el viento,
ciudad,
náyade negra,
de claridad sin fin,
de hirviente sombra,
de piedra con espuma
es tu tejido,
el lúcido balance
de tu hamaca marina,
el azul movimiento
de tus pies arenosos,
el encendido ramo
de tus ojos.
Río, Río de Janeiro,
los gigantes
salpicaron tu estatua
con puntos de pimienta,
dejaron
en tu boca
lomos del mar, aletas
turbadoramente tibias,
promontorios
de la fertilidad, tetas del agua,
declives de granito,
labios de oro,

y entre la piedra rota
el sol marino
iluminando
espumas estrelladas.

Oh Belleza,
oh ciudadela
de piel fosforescente,
granada
de carne azul, oh diosa
tatuada en sucesivas
olas de ágata negra,
de tu desnuda estatua
sale un aroma de jazmín mojado
por el sudor, un ácido
relente
de cafetales y de fruterías
y poco a poco bajo tu diadema,
entre la duplicada maravilla
de tus senos,
entre cúpula y cúpula
de tu naturaleza
asoma el diente de la desventura,
la cancerosa cola
de la miseria humana,
en los cerros leprosos
el racimo inclemente
de las vidas,
luciérnaga terrible,
esmeralda
extraída
de la sangre,
tu pueblo hacia los límites
de la selva se extiende
y un rumor oprimido,
pasos y sordas voces,
migraciones de hambrientos,
oscuros pies con sangre,
tu pueblo,

más allá de los ríos,
en la densa
amazonia,
olvidado,
en el Norte
de espinas,
olvidado,
con sed en las mesetas,
olvidado,
en los puertos, mordido
por la fiebre,
olvidado,
en la puerta
de la casa de donde lo expulsaron,
pidiéndote
una sola mirada,
y olvidado.

En otras tierras,
reinos, naciones,
islas,
la ciudad capital,
la coronada,
fue colmena
de trabajos humanos,
muestra de la desdicha
y del acierto,
hígado de la pobre monarquía,
cocina de la pálida república.
Tú eres el cegador
escaparate
de una sombría noche,
la garganta
cubierta
de aguas marinas
y oro
de un cuerpo
abandonado,
eres

la puerta
delirante
de una casa vacía,
eres
el antiguo pecado,
la salamandra
cruel,
intacta
en el brasero
de los largos dolores de tu pueblo,
eres
Sodoma,
sí,
Sodoma,
deslumbrante,
con un fondo sombrío
de terciopelo verde,
rodeada
de crespa sombra, de aguas
ilimitadas, duermes
en los brazos
de la desconocida
primavera
de un planeta salvaje.
Río, Río de Janeiro,
cuántas cosas
debo decirte. Nombres
que no olvido,
amores
que maduran su perfume,
citas contigo, cuando
de tu pueblo
una ola
agregue a tu diadema
la ternura,
cuando
a tu bandera de aguas
asciendan las estrellas
del hombre,

no del mar,
no del cielo,
cuando
en el esplendor
de tu aureola
yo vea
al negro, al blanco, al hijo
de tu tierra y tu sangre,
elevados
hasta la dignidad de tu hermosura,
iguales en tu luz resplandeciente,
propietarios
humildes y orgullosos
del espacio y de la alegría,
entonces, Río de Janeiro,
cuando
alguna vez
para todos tus hijos,
no sólo para algunos,
des tu sonrisa, espuma
de náyade morena,
entonces
yo seré tu poeta,
llegaré con mi lira
a cantar en tu aroma
y dormiré en tu cinta
de platino,
en tu arena
incomparable,
en la frescura azul del abanico
que abrirás en mi sueño
como las alas de una
gigantesca
mariposa marina.

ODA A LA SENCILLEZ

Sencillez, te pregunto:
me acompañaste siempre?
O te vuelvo a encontrar
en mi silla, sentada?
Ahora
no quieren aceptarme
contigo,
me miran de reojo,
se preguntan quién es
la pelirroja.
El mundo,
mientras nos encontrábamos
y nos reconocíamos,
se llenaba de tontos
tenebrosos,
de hijos de fruta tan repletos
de palabras
como los diccionarios,
tan llenos de viento
como una tripa que nos quiere hacer
una mala jugada
y ahora que llegamos
después de tantos viajes
desentonamos
en la poesía.
Sencillez, qué terrible lo que nos pasa:
no quieren recibirnos
en los salones,
los cafés están llenos
de los más exquisitos
pederastas,
y tú y yo nos miramos,
no nos quieren.
Entonces
nos vamos
a la arena,

a los bosques,
de noche
la oscuridad es nueva,
arden recién lavadas
las estrellas, el cielo
es un campo de trébol
turgente, sacudido
por su sangre
sombría.
En la mañana
vamos
a la panadería,
tibio está el pan como un seno,
huele
el mundo a esta frescura
de pan recién salido.
Romero, Ruiz, Nemesio,
Rojas, Manuel, Antonio,
panaderos.
Qué parecidos son
el pan y el panadero,
qué sencilla es la tierra
en la mañana,
más tarde es más sencilla,
y en la noche
es transparente.

Por eso
busco
nombres
entre la hierba.
Cómo te llamas?
le pregunto
a una corola
que de pronto
pegada al suelo entre las piedras pobres
ardió como un relámpago.

Y así, sencillez, vamos
conociendo
los escondidos seres, el secreto
valor de otros metales,
mirando la hermosura de las hojas,
conversando con hombres y mujeres
que por sólo ser eso
son insignes,
y de todo,
de todos,
sencillez, me enamoras.
Me voy contigo,
me entrego a tu torrente
de agua clara.
Y protestan entonces:
Quién es esa
que anda con el poeta?
Por cierto
que no queremos nada
con esa provinciana.
Pero si es aire, es ella
el cielo que respiro.
Yo no la conocía o recordaba.
Si me vieron
antes
andar con misteriosas
odaliscas,
fueron sólo deslices
tenebrosos.
Ahora,
amor mío,
agua,
ternura,
luz luminosa o sombra
transparente,
sencillez,
vas conmigo ayudándome a nacer,
enseñándome
otra vez a cantar,

verdad, virtud, vertiente,
victoria cristalina.

ODA A LA SOLEDAD

Oh Soledad, hermosa
palabra, hierbas
silvestres
brotan entre tus sílabas!
Pero eres sólo pálida
palabra, oro
falso,
moneda traidora!
Yo describí la soledad con letras
de la literatura,
le puse la corbata
sacada de los libros,
la camisa
del sueño,
pero
sólo la conocí cuando fui solo.
Bestia no vi ninguna
como aquélla:
a la araña peluda
se parece
y a la mosca
de los estercoleros,
pero en sus patas de camello tiene
ventosas de serpiente submarina,
tiene una pestilencia de bodega
en donde se pudrieron por los siglos
pardos cueros de focas y ratones.
Soledad, yo no quiero
que sigas
mintiendo por la boca de los libros.
Llega el joven poeta tenebroso
y para seducir

así a la soñolienta señorita
se busca mármol negro y te levanta
una pequeña estatua
que olvidará
en la mañana de su matrimonio.
Pero
a media luz de la primera vida
de niños la encontramos
y la creemos una diosa negra
traída de las islas,
jugamos con su torso y le ofrendamos
la reverencia pura de la infancia.
No es verdad
la soledad creadora.
No está sola
la semilla en la tierra.
Multitudes de gérmenes mantienen
el profundo concierto de las vidas
y el agua es sólo madre transparente
de un invisible coro sumergido.

Soledad de la tierra
es el desierto. Y estéril
es como él
la soledad
del hombre. Las mismas
horas, noches y días,
toda la tierra envuelven
con su manto
pero no dejan nada en el desierto.
La soledad no recibe semillas.

No es sólo su belleza
el barco en el océano:
su vuelo de paloma sobre el agua
es el producto
de una maravillosa compañía
de fuego y fogoneros,
de estrella y navegantes,

de brazos y banderas congregados,
de comunes amores y destinos.

La música
buscó para expresarse
la firmeza coral del oratorio
y escrita fue
no sólo por un hombre
sino por una línea
de ascendientes sonoros.

Y esta palabra
que aquí dejo en la rama suspendida,
esta canción que busca
ninguna soledad sino tu boca
para que la repitas
la escribe el aire junto a mí, las vidas
que antes que yo vivieron,
y tú que lees mi oda
contra tu soledad la has dirigido
y así tus propias manos la escribieron,
sin conocerme, con las manos mías.

ODA AL TERCER DÍA

Eres el lunes, jueves,
llegarás o pasaste.
Agosto en medio
de su red escarlata
de pronto te levanta,
o junio,
junio,
cuando menos pensábamos
un pétalo
con llamas
surge
en medio

de la semana fría,
un pez rojo recorre
como un escalofrío
de repente,
el invierno,
y comienzan las flores
a vestirse,
a llenarse de luna,
a caminar por la calle,
a embarcarse
en el viento,
es un día
cualquiera,
color de muro,
pero
algo sube a la cima
de un minuto, oriflama
o sal silvestre,
oro de abeja sube a las banderas,
miel escarlata desarrolla el viento,
es un día sin nombre,.
pero
con patas de oro
camina en la semana,
el polen se le pega
en el bigote,
la argamasa celeste
se adelanta en sus ojos,
y bailamos
contentos,
cantamos persiguiendo
las flores del cerezo,
levantamos la copa
enamorados,
saludamos la hora
que se acerca, el minuto
que transcurrió,
que nace
o que fermenta.

240

Diosa del día,
amapola
inconsciente,
rosa descabellada,
súbita primavera,
jueves,
rayo escondido en medio
de la ropa,
te amo,
soy
tu novio.
Comprendo, pasajera,
pasajero,
que pasas: debemos
despedirnos,
pero una gota
de esplendor,
una uva
de sol imaginario
llegó a la sangre ciega
de cada día,
y guardaremos
este destello rojo
de fuego y ambrosía,
guardaremos
este día insurgente
ardiendo
inolvidable
con su llama
en medio del polvo y del tiempo.

ODA AL TIEMPO

Dentro de ti tu edad
creciendo,
dentro de mí mi edad
andando.
El tiempo es decidido,
no suena su campana,
se acrecienta, camina,
por dentro de nosotros,
aparece
como un agua profunda
en la mirada
y junto a las castañas
quemadas de tus ojos
una brizna, la huella
de un minúsculo río,
una estrellita seca
ascendiendo a tu boca.
Sube el tiempo
sus hilos
a tu pelo,
pero en mi corazón
como una madreselva
es tu fragancia,
viviente como el fuego.
Es bello
como lo que vivimos
envejecer viviendo.
Cada día
fue piedra transparente,
cada noche
para nosotros fue una rosa negra,
y este surco en tu rostro o en el mío
son piedra o flor,
recuerdo de un relámpago.
Mis ojos se han gastado en tu hermosura,
pero tú eres mis ojos.

Yo fatigué tal vez bajo mis besos
tu pecho duplicado,
pero todos han visto en mi alegría
tu resplandor secreto.
Amor, qué importa
que el tiempo,
el mismo que elevó como dos llamas
o espigas paralelas
mi cuerpo y tu dulzura,
mañana los mantenga
o los desgrane
y con sus mismos dedos invisibles
borre la identidad que nos separa
dándonos la victoria
de un solo ser final bajo la tierra.

ODA A LA TIERRA

Yo no la tierra pródiga
canto,
la desbordada
madre de las raíces,
la despilfarradora,
espesa de racimos y de pájaros,
lodos y manantiales,
patria de los caimanes,
sultana de anchos senos
y diadema erizada,
no al origen
del tigre en el follaje
ni a la grávida tierra de labranza
con su semilla como
un minúsculo nido
que cantará mañana,
no, yo alabo
la tierra mineral, la piedra andina,
la cicatriz severa

del desierto lunar, las espaciosas
arenas de salitre,
yo canto
el hierro,
la encrespada cabeza
del cobre y sus racimos
cuando emerge
envuelto en polvo y pólvora
recién desenterrado
de la geografía.
Oh tierra, madre dura,
allí escondiste
los metales profundos,
de allí los arañamos
y con fuego
el hombre,
Pedro,
Rodríguez o Ramírez
los convirtió de nuevo
en luz original, en lava líquida,
y entonces
duro, contigo, tierra,
colérico metal,
te hiciste por la fuerza
de las pequeñas manos de mi tío
almabre o herradura,
nave o locomotora,
esqueleto de escuela,
velocidad de bala.
Árida tierra, mano
sin signos en la palma,
a ti te canto,
aquí no diste trinos
ni te nutrió la rosa
de la corriente que canta
seca, dura y cerrada,
puño enemigo, estrella
negra,
a ti te canto

porque el hombre
te hará parir, te llenará de frutos,
buscará tus ovarios,
derramará en tu copa secreta
los rayos especiales,
tierra de los desiertos,
línea pura,
a ti las escrituras de mi canto
porque pareces muerta
y te despierta
el ramalazo de la dinamita,
y un penacho de humo sangriento
anuncia el parto
y saltan los metales hacia el cielo.
Tierra, me gustas
en la arcilla y la arena,
te levanto y te formo,
como tú me formaste,
y ruedas de mis dedos
como yo desprendido
voy a volver a tu matriz extensa.
Tierra, de pronto
me parece tocarte
en todos tus contornos
de medalla porosa,
de jarra diminuta,
y en tu forma paseo
mis manos
hallando la cadera de la que amo,
los pequeñitos senos,
el viento como un grano
de suave y tibia avena
y a ti me abrazo, tierra,
junto a ti, duermo,
en tu cintura se atan mis brazos y mis labios,
duermo contigo y siembro mis más profundos besos.

ODA AL TOMATE

La calle
se llenó de tomates,
mediodía,
verano,
la luz
se parte
en dos
mitades
de tomate,
corre
por las calles
el jugo.
En diciembre
se desata
el tomate,
invade
las cocinas,
entra por los almuerzos,
se sienta
reposado
en los aparadores,
entre los vasos,
las mantequilleras,
los saleros azules.
Tiene
luz propia,
majestad benigna.
Debemos, por desgracia,
asesinarlo:
se hunde
el cuchillo
en su pulpa viviente,
en una roja
víscera,
un sol
fresco,

profundo,
inagotable,
llena de ensaladas
de Chile,
se casa alegremente
con la clara cebolla,
y para celebrarlo
se deja
caer
aceite,
hijo
esencial del olivo,
sobre sus hemisferios entreabiertos,
agrega
la pimienta
su fragancia,
la sal su magnetismo:
son las bodas
del día,
el perejil
levanta
banderines,
las papas
hierven vigorosamente,
el asado
golpea
con su aroma
en la puerta,
es hora!
vamos!
y sobre
la mesa, en la cintura
del verano,
el tomate,
astro de tierra,
estrella
repetida
y fecunda,
nos muestra

sus circunvoluciones,
sus canales,
la insigne plenitud
y la abundancia
sin hueso,
sin coraza,
sin escamas ni espinas,
nos entrega
el regalo
de su color fogoso
y la totalidad de su frescura.

ODA A LA TORMENTA

Anoche
vino
ella,
rabiosa,
azul, color de noche,
roja, color de vino,
la tempestad
trajo
su cabellera de agua,
ojos de frío fuego,
anoche quiso
dormir sobre la tierra.
Llegó de pronto
recién desenrollada
desde su astro furioso,
desde su cueva celeste,
quería dormir
y preparó su cama,
barrió selvas, caminos,
barrió montes,
lavó piedras de océano,
y entonces
como si fueran plumas

removió los pinares
para hacerse su cama.
Sacó relámpagos
de su saco de fuego,
dejó caer los truenos
como grandes barriles.
De pronto
fue silencio:
una hoja
iba sola en el aire,
como un violín volante,
entonces,
antes
de que llegara al suelo,
tempestad, en tus manos
la tomaste,
pusiste todo el viento
a soplar su bocina,
la noche entera
a andar con sus caballos,
todo el hielo a silbar,
los árboles
salvajes
a expresar la desdicha
de los encadenados,
la tierra
a gemir como madre
pariendo,
de un solo soplo
escondiste
el rumor de la hierba
o las estrellas,
rompiste
como un lienzo
el silencio inactivo,
se llenó el mundo
de orquesta y furia y fuego,
y cuando los relámpagos
caían como cabellos

de tu frente fosfórica,
caían como espadas
de tu cintura guerrera,
y cuando ya creíamos
que terminaba el mundo,
entonces,
lluvia,
lluvia,
sólo
lluvia,
toda la tierra, todo
el cielo
reposaban,
la noche
se desangró cayendo
sobre el sueño del hombre,
sólo lluvia,
agua
del tiempo y del cielo:
nada había caído,
sino una rama rota,
un nido abandonado.

Con tus dedos
de música,
con tu fragor de infierno,
con tu fuego
de volcanes nocturnos,
jugaste
levantando una hoja,
diste fuerza a los ríos,
enseñaste
a ser hombres
a los hombres,
a temer a los débiles,
a llorar a los dulces,
a estremecerse
a las ventanas,
pero,

250

cuando
ibas a destruirnos,
cuando
como cuchilla
bajaba del cielo la furia,
cuando temblaba
toda la luz y la sombra
y se mordían los pinos
aullando
junto al mar en tinieblas,
tú, delicada
tempestad, novia mía,
furiosa,
no nos hiciste daño:
regresaste
a tu estrella
y lluvia,
lluvia verde,
lluvia llena
de sueños y de gérmenes,
preparadora
lluvia
de cosechas,
lluvia que lava el mundo,
lo enjuga
y lo recrea,
lluvia para nosotros
y para las semillas,
lluvia
para el olvido
de los muertos
y para
nuestro pan de mañana,
eso sólo
dejaste,
agua y música,
por eso,
tempestad,
te amo,

cuenta conmigo,
vuelve,
despiértame,
ilumíname,
muéstrame tu camino
para que a ti se junte y cante con tu canto
la decidida voz
tempestuosa de un hombre.

ODA AL TRAJE

Cada mañana esperas,
traje, sobre una silla
que te llene
mi vanidad, mi amor,
mi esperanza, mi cuerpo.
Apenas
salgo del sueño,
me despido del agua,
entro en tus mangas,
mis piernas buscan
el hueco de tus piernas
y así abrazado
por tu fidelidad infatigable
salgo a pisar el pasto,
entro en la poesía,
miro por las ventanas,
las cosas,
los hombres, las mujeres,
los hechos y las luchas
me van formando,
me van haciendo frente
labrándome las manos,
abriéndome los ojos,
gastándome la boca
y así,
traje,

yo también voy formándote,
sacándote los codos,
rompiéndote los hilos,
y así tu vida crece
a imagen de mi vida.
Al viento
ondulas y resuenas
como si fueras mi alma,
en los malos minutos
te adhieres
a mis huesos
vacío, por la noche
la oscuridad, el sueño
pueblan con sus fantasmas
tus alas y las mías.
Yo pregunto
si un día
una bala
del enemigo
te dejará una mancha de mi sangre
y entonces
te morirás conmigo
o tal vez
no sea todo
tan dramático
sino simple,
y te irás enfermando,
traje,
conmigo,
envejeciendo
conmigo, con mi cuerpo
y juntos
entraremos
a la tierra.
Por eso
cada día
te saludo
con reverencia y luego
me abrazas y te olvido,

porque uno solo somos
y seguiremos siendo
frente al viento, en la noche,
las calles o la lucha
un solo cuerpo
tal vez, tal vez, alguna vez inmóvil.

ODA A LA TRANQUILIDAD

Ancho
reposo,
agua
quieta,
clara, serena sombra,
saliendo
de la acción como salen
lagos de las cascadas,
merecida merced,
pétalo justo,
ahora
boca arriba
miro
correr el cielo,
se desliza
su cuerpo azul profundo,
adónde
se dirige
con sus peces, sus islas,
sus estuarios?
El cielo
arriba,
abajo
un rumor
de rosa seca,
crujen
pequeñas cosas, pasan
insectos como números:

es la tierra,
debajo
trabajan
raíces,
metales,
aguas,
penetran
nuestro cuerpo,
germinan en nosotros.

Inmóvil un día,
bajo un árbol,
no lo sabíamos:
todas las hojas hablan,
se cuentan
noticias de otros árboles,
historias de la patria,
de los árboles,
algunos aún recuerdan
la forma sigilosa
del leopardo
cruzando entre sus ramas,
como dura
neblina,
otros
la nieve huracanada,
el cetro
del tiempo tempestuoso.
Debemos
dejar que hablen
no sólo
la boca de los árboles,
sino todas las bocas,
callar, callar en medio
del canto innumerable.
Nada es mudo en la tierra:
cerramos
los ojos
y oímos

cosas que se deslizan,
criaturas que crecen,
crujidos
de madera invisible,
y luego
el mundo,
tierra, celestes aguas,
aire,
todo
suena
a veces como un trueno,
otras veces
como un río remoto.
Tranquilidad, reposo
de un minuto, de un día,
de tu profundidad recogeremos
metales,
de tu apariencia muda
saldrá la luz sonora.
Así será la acción purificada.
Así dirán los hombres, sin saberlo,
la opinión de la tierra.

ODA A LA TRISTEZA

Tristeza, escarabajo
de siete patas rotas,
huevo de telaraña,
rata descalabrada,
esqueleto de perra:
Aquí no entras.
No pasas.
Ándate.
Vuelve
al sur con tu paraguas,
vuelve
al norte con tus dientes de culebra.

Aquí vive un poeta.
La tristeza no puede
entrar por estas puertas.
Por las ventanas
entra el aire del mundo,
las rojas rosas nuevas,
las banderas bordadas
del pueblo y sus victorias.
No puedes.
Aquí no entras.
Sacude
tus alas de murciélago,
yo pisaré las plumas
que caen de tu manto,
yo barreré los trozos
de tu cadáver hacia
las cuatro puntas del viento,
yo te torceré el cuello,
te coseré los ojos,
cortaré tu mortaja
y enterraré, tristeza, tus huesos roedores
bajo la primavera de un manzano.

ODA A VALPARAÍSO

Valparaíso,
qué disparate
eres,
qué loco,
puerto loco,
qué cabeza
con cerros,
desgreñada,
no acabas
de peinarte,
nunca
tuviste

tiempo de vestirte,
siempre
te sorprendió
la vida,
te despertó la muerte,
en camisa,
en largos calzoncillos
con flecos de colores,
desnudo
con un nombre
tatuado en la barriga,
y con sombrero,
te agarró el terremoto,
corriste
enloquecido,
te quebraste las uñas,
se movieron
las aguas y las piedras,
las veredas,
el mar,
la noche,
tú dormías
en tierra,
cansado
de tus navegaciones,
y la tierra,
furiosa,
levantó su oleaje
más tempestuoso
que el vendaval marino,
el polvo
te cubría
los ojos,
las llamas
quemaban tus zapatos,
las sólidas
casas de los banqueros
trepidaban
como heridas ballenas,

mientras arriba
las casas de los pobres
saltaban
al vacío
como aves
prisioneras
que probando las alas
se desploman.

Pronto,
Valparaíso,
marinero,
te olvidas
de las lágrimas,
vuelves
a colgar tus moradas,
a pintar puertas
verdes,
ventanas
amarillas,
todo
lo transformas en nave,
eres
la remendada proa
de un pequeño,
veleroso
navío.
La tempestad corona
con espuma
tus cordeles que cantan
y la luz del océano
hace temblar camisas
y banderas
en tu vacilación indestructible.

Estrella
oscura
eres
de lejos,

en la altura de la costa
resplandeces
y pronto
entregas
tu escondido fuego,
el vaivén
de sus sordos callejones,
el desenfado
de tu movimiento,
la claridad
de tu marinería.
Aquí termino, es esta
oda,
Valparaíso,
tan pequeña
como una camiseta
desvalida,
colgando
en tus ventanas harapientas,
meciéndose
en el viento
del océano,
impregnándose
de todos
los dolores
de tu suelo,
recibiendo
el rocío
de los mares, el beso
del ancho mar colérico
que con toda su fuerza
golpeándose en tu piedra
no pudo
derribarte,
porque en tu pecho austral
están tatuadas
la lucha,
la esperanza,
la solidaridad

y la alegría
como anclas
que resisten
las olas de la tierra.

ODA A CÉSAR VALLEJO

A la piedra en tu rostro,
Vallejo,
a las arrugas
de las áridas sierras
yo recuerdo en mi canto,
tu frente
gigantesca
sobre tu cuerpo frágil,
el crepúsculo negro
en tus ojos
recién desenterrados,
días aquéllos,
bruscos,
desiguales,
cada hora tenía
ácidos diferentes
o ternuras
remotas,
las llaves
de la vida
temblaban
en la luz polvorienta
de la calle,
tú volvías
de un viaje
lento, bajo la tierra,
y en la altura
de las cicatrizadas cordilleras
yo golpeaba las puertas,
que se abrieran

los muros,
que se desenrollaran
los caminos,
recién llegado de Valparaíso
me embarcaba en Marsella,
la tierra
se cortaba
como un limón fragante
en frescos hemisferios amarillos,
tú
te quedabas
allí, sujeto
a nada,
con tu vida
y tu muerte,
con tu arena
cayendo,
midiéndote
y vaciándote,
en el aire,
en el humo,
en las callejas rotas
del invierno.
Era en París, vivías
en los descalabrados
hoteles de los pobres.
España
se desangraba.
Acudíamos.
Y luego
te quedaste
otra vez en el humo
y así cuando
ya no fuiste, de pronto,
no fue la tierra
de las cicatrices,
no fue
la piedra andina
la que tuvo tus huesos,

sino el humo,
la escarcha
de París en invierno.

Dos veces desterrado,
hermano mío,
de la tierra y el aire,
de la vida y la muerte,
desterrado
del Perú, de tus ríos,
ausente
de tu arcilla.
No me faltaste en vida,
sino en muerte.
Te busco
gota a gota,
polvo a polvo,
en tu tierra,
amarillo
es tu rostro,
escarpado
es tu rostro,
estás lleno
de viejas pedrerías,
de vasijas
quebradas,
subo
las antiguas
escalinatas,
tal vez
estés perdido,
enredado
entre los hilos de oro,
cubierto
de turquesas,
silencioso,
o tal vez
en tu pueblo,
en tu raza,

grano
de maíz extendido,
semilla
de bandera.
Tal vez, tal vez ahora
transmigres
y regreses,
vienes
al fin
de viaje,
de manera
que un día
te verás en el centro
de tu patria,
insurrecto,
viviente,
cristal de tu cristal, fuego en tu fuego,
rayo de piedra púrpura.

ODA AL VERANO

Verano, violín rojo,
nube clara,
un zumbido
de sierra
o de cigarra
te precede,
el cielo
abovedado,
liso, luciente como
un ojo,
y bajo su mirada,
verano,
pez del cielo
infinito,
élitro lisonjero,
perezoso

letargo,
barriguita
de abeja,
sol
endiablado,
sol terrible y paterno,
sudoroso
como un buey trabajando,
sol seco
en la cabeza
como un inesperado
garrotazo,
sol de la sed
andando
por la arena,
verano,
mar desierto,
el minero
de azufre
se llena
de sudor amarillo,
el aviador
recorre
rayo a rayo
el sol celeste,
sudor
negro
resbala
de la frente
a los ojos
en la mina
de Lota,
el minero
se restriega
la frente
negra,
arden
las sementeras,
cruje

el trigo,
insectos
azules
buscan
sombra,
tocan
la frescura,
sumergen
la cabeza
en un diamante.

Oh verano
abundante,
carro
de
manzanas
maduras,
boca
de fresa
en la verdura, labios
de ciruela salvaje,
caminos
de suave polvo
encima
del polvo,
mediodía,
tambor
de cobre rojo,
y en la tarde
descansa
el fuego,
el aire
hace bailar
el trébol, entra
en la usina desierta,
sube
una estrella
fresca
por el cielo

sombrío,
crepita
sin quemarse
la noche
del verano.

ODA A LA VIDA

La noche entera
con un hacha
me ha golpeado el dolor,
pero el sueño
pasó lavando como un agua oscura
piedras ensangrentadas.
Hoy de nuevo estoy vivo.
De nuevo
te levanto,
vida,
sobre mis hombros.

Oh vida, copa clara,
de pronto
te llenas
de agua sucia,
de vino muerto,
de agonía, de pérdidas,
de sobrecogedoras telarañas,
y muchos creen
que ese color de infierno
guardarás para siempre.

No es cierto.

Pasa una noche lenta,
pasa un solo minuto
y todo cambia.
Se llena

de transparencia
la copa de la vida.
El trabajo espacioso
nos espera.
De un solo golpe nacen las palomas.
Se establece la luz sobre la tierra.

Vida, los pobres
poetas
te creyeron amarga,
no salieron contigo
de la cama
con el viento del mundo.

Recibieron los golpes
sin buscarte,
se barrenaron
un agujero negro
y fueron sumergiéndose
en el luto
de un pozo solitario.

No es verdad, vida,
eres
bella
como la que yo amo
y entre los senos tienes
olor a menta.

Vida,
eres
una máquina plena,
felicidad, sonido
de tormenta, ternura
de aceite delicado.

Vida,
eres como una viña:

atesoras la luz y la repartes
transformada en racimo.

El que de ti reniega
que espere
un minuto, una noche,
un año corto o largo,
que salga
de su soledad mentirosa,
que indague y luche, junte
sus manos a otras manos,
que no adopte ni halague
a la desdicha,
que la rechace dándole
forma de muro,
como a la piedra los picapedreros,
que corte la desdicha
y se haga con ella
pantalones.
La vida nos espera
a todos
los que amamos
el salvaje
olor a mar y menta
que tiene entre los senos.

ODA AL VINO

Vino color de día,
vino color de noche,
vino con pies de púrpura
o sangre de topacio,
vino,
estrellado hijo
de la tierra,
vino, liso
como una espada de oro,

suave
como un desordenado terciopelo.
Vino encaracolado
y suspendido,
amoroso,
marino,
nunca has cabido en una copa,
en un canto, en un hombre,
coral, gregario eres,
y cuando menos, mutuo.
A veces
te nutres de recuerdos
mortales,
en tu ola
vamos de tumba en tumba,
picapedrero de sepulcro helado,
y lloramos
lágrimas transitorias,
pero
tu hermoso
traje de primavera
es diferente,
el corazón sube a las ramas,
el viento mueve el día,
nada queda
dentro de tu alma inmóvil.
El vino
mueve la primavera,
crece como una planta de alegría,
caen muros,
peñascos,
se cierran los abismos,
nace el canto.
Oh tú, jarra de vino, en el desierto
con la sabrosa que amo,
dijo el viejo poeta.
Que el cántaro de vino
al beso del amor sume su beso.

270

Amor mío, de pronto
tu cadera
es la curva colmada
de la copa,
tu pecho es el racimo,
la luz del alcohol tu cabellera,
las uvas tus pezones,
tu ombligo sello puro
estampado en tu vientre de vasija,
y tu amor la cascada
de vino inextinguible,
la claridad que cae en mis sentidos,
el esplendor terrestre de la vida.

Pero no sólo amor,
beso quemante
o corazón quemado
eres, vino de vida,
sino
amistad de los seres, transparencia,
coro de disciplina,
abundancia de flores.
Amo sobre una mesa,
cuando se habla,
la luz de una botella
de inteligente vino.
Que lo beban,
que recuerden en cada
gota de oro
o copa de topacio
o cuchara de púrpura
que trabajó el otoño
hasta llenar de vino las vasijas
y aprenda el hombre oscuro,
en el cermonial de su negocio,
a recordar la tierra y sus deberes,
a propagar el cántico del fruto.